# DER ZUPFGEIGENHANSL

# DER ZUPFGEIGENHANSL

Herausgegeben von Hans Breuer

Reprint der Ausgabe Leipzig 1913
Mit einem Nachwort
von Eva-Maria Hillmann

1989
VEB Friedrich Hofmeister
Musikverlag Leipzig

Reprint nach einem Exemplar
der zehnten Auflage, 1913,
aus dem Archiv des Verlages

ISBN 3-7331-0034-4
© VEB Friedrich Hofmeister Musikverlag Leipzig · 1982

# DER ZUPFGEIGENHANSL

HERAUSGEGEBEN VON HANS BREUER
UNTER MITWIRKUNG VIELER WANDERVÖGEL
VERLAG FRIEDRICH HOFMEISTER, LEIPZIG
ZEHNTE AUFLAGE    1913    78—103. TAUSEND

Druck von C. G. Röder G. m. b. H., Leipzig. 806813.

DEM MALER

# HERMANN PFEIFFER

ZUGEEIGNET

## VORWORT ZUR 1. AUFLAGE

So geleite denn, kleines Büchlein, den fahrenden Gesellen hinaus auf seinen Weg! Die Zupfgeige sei dein Genoß, und wenn ihr gute Freunde seid, wird eure Reise fein lustig werden.

Du aber, sangesfroher Wandervogel, wenn du die Seiten blätterst, wirst manches missen, was anderen ein Pläsier: Moritat und Schauerg'schichten, den Ruf wie Donnerhall, das Lied vom braunen Cerevis. — Sei friedlich und laß dir erzählen, wie es auf Wanderfahrten mit solchen Liedern zu gehen pflegt: die ersten Tage sind erfüllt von Singsang und Musikspiel, der bringt den „neuesten Schlager" mit, der gibt ein neues „Larida" zum besten. Das schlägt auch schnell an, denn es ist seicht und jedermann kommod. Bald aber sind die flachen Weisen abgesungen, es wird stiller im Reviere, endlich versagt auch der „Stumpfsinn", und ohne Sang und Klang, den Kopf in den Staub gehängt, trottet man durch die Lande: 40 km sei's Panier! — Wir aber sagen: die Güte eines Liedes erprobt sich an seiner Dauerhaftigkeit; was hier gebracht wird, hat seit Wandervogels Anbeginn eine unverwüstliche Lebenskraft bewiesen, nein viel mehr, das hat Jahrhundert um Jahrhundert im Volke fortgelebt. Was der Zeit getrotzt, das muß einfach gut sein. Nur Gutes, kein Allerweltskram, um keinen Fingerbreit gewichen dem herrschenden Ungeschmack, das war unser redliches Bemühen, als wir an das Sichten des Liederstoffes gingen.

Mit dem bloßen Wiedersingen des hier Gegebenen soll es aber nicht getan sein, das lehren dich die leeren Seiten im Anhang. — Da schreibe hinein, was du auf sonniger Heide, in den niedrigen Hütten dem Volke abgelauscht hast, wir müssen alle, alle mithelfen, aus dem Niedergang der schaffenden Volkspoesie zu halten, was noch zu halten ift. Noch lebt das alte Volkslied, noch wandelt frifch und lebensfroh in unferer Mitte, was unfere Väter geliebt, geträumt und gelitten. Noch heute raunt die totgefprochene Freya aus dem Blättergewande der Hafelin, und Tannhufers Klagelied tönt wie vor taufend Jahren aus Vrenelis Berg. Das Erbe ift groß und herrlich, aber die Erben können nichts mehr und wiffen nicht, was fie befitzen. Auch heute noch gehen und kommen neue volkstümliche Lieder, „Volkslieder", wem's gefällt, aber das trieft von Sentimentalität und verfchwommenen Gefühlen. Wo ift das Schlichte, Innige, Liebenswürdige geblieben? — — — Hier gilt's, ein edles Gut zu bewahren.

Zum Schluffe noch ein Wort an des Büchleins Freund. Falls dir jenes oder diefes Lied fremd und unverftändlich dünkt, fo vergiß nicht: auch die Melodie hat eine oft fchwierige Pointe, die erfaßt fein will. — Singe das Lied des öfteren; ein paar Zupfgeigenakkorde, die das Verftändnis überrafchend erleichtern, findeft du im Anhang: c'est la sauce, qui fait le poisson. — Nur nicht zu viel in den Saiten herumgekratzt, hier ein weicher Mollakkord angefchlagen und dort eine fragende Septime, das gibt deinem Vortrage Leben. Und dann noch eins: bitte möglichft wenig Chorgebrüll! Auf der Landftraße felbftverftändlich und unter dem Stadttore fortiffimo. Aber inmitten der freien Landfchaft, da ift die einzelne Menfchenftimme etwas eigenartig Schönes; der einzelne wird immer Gefühl und Temperament in das Gefungene hineinlegen; eine gehaltvolle Melodie im Chorus gefungen ift und bleibt: Baftardierung der Gefühle. So foll das Büchlein endlich dazu dienen, Sangeskunft und Sinn für die fchlichte, fchöne Art des Volkes zu fördern, mit hinwirken nach dem Brennpunkte unferer heutigen Kulturbeftrebungen: Liebe zum Volk und Ehrfurcht vor feinen unvergänglichen Werken.

Heidelberg, Weihnachten 1908.

# ABSCHIED 1

## ABSCHIED

Nach dem Lochheimer Liederbuch, 1452.

1. Ich fahr da-hin, wann es muß sein, ich scheid mich von der Liebsten mein; zur Letz laß ich das Her-ze mein, dieweil ich leb, so soll es sein. Ich fahr da-hin, ich fahr da-hin.

2. Halt du dein Treu so stet als ich, und wie du willst, so findst du mich. Halt dich in Hut, das bitt ich dich. Gesegn dich Gott! Ich fahr dahin, ich fahr dahin, ich fahr dahin.

16. Jahrhundert.

1. Ge-segn dich Laub, ge-segn dich Gras, ge-segn dich al-les, was da was, ich muß von hin-nen schei - - - den.

# ABSCHIED

2. Ihr lieben Englein, steht mir bei, weil Leib und Seel beieinander sei, daß mir mein Herz nicht breche.

3. Gesegn dich Mond, gesegn dich Sonn, gesegn dich Trautlieb, meine Wonn, da ich von hinnen fahre.

Nach Forster: Frische teutsche Liedlein, 1549. Mel. 1817.

1. Ach Gott, wie weh tut Scheiden, hat mir mein Herz verwundt. So trab ich über die Heiden und traur zu aller Stund. Der Stunden, der seind all so viel, mein Herz trägt heimlichs Leiden, wiewohl ich oft fröhlich bin.

2. Tät mir ein Gärtlein bauen von Veil und grünem Klee, ist mir zu früh erfroren, tut meinem Herzen weh. Ist mir erfrorn bei Sonnenschein ein Kraut Jelängerjelieber, ein Blümlein Vergißnitmein.

3. Das Blümlein, das ich meine, das ist von edler Art, ist aller Tugend reine, ihr Mündlein, das ist zart. Ihr Äuglein, die seind hübsch und fein, wann ich an sie gedenke, wie gern ich bei ihr wollt sein.

4. Mich dünkt in all mein Sinne, und wenn ich bei ihr bin, sie sei ein Kaiserinne, kein lieber ich nie gewinn. Hat mir mein junges Herz erfreut, wann ich an sie gedenke, verschwunden ist all mein Leid.

5. Sollt mich meins Buhln erwegen, als oft ein andrer tut, sollt führn ein fröhlichs Leben, darzu ein leichten Mut? Das kann und mag doch nit gesein. Gesegn dich Gott im Herzen, es muß geschieden sein.

## ABSCHIED

2. Groß Leid muß ich jetzt tragen, das ich allein tu klagen dem liebsten Buhlen mein. Ach Lieb, nun laß mich Armen im Herzen dein erbarmen, daß ich muß dannen sein.

3. Mein Trost ob allen Weiben, dein tu ich ewig bleiben, stät, treu, der Ehren frumm. Nun müß dich Gott bewahren, in aller Tugend sparen, bis daß ich wiederkumm.

2. Sing an, sing an, Frau Nachtigall, du kleines Vögelein in dem Wald! Sing an, sing an, mein feines Lieb! Wir beide müssen scheiden.

# ABSCHIED

Aus der Zeit des dreißigjährigen Krieges.

1. Es geht eine dunkle Wolk herein; mich deucht, es wird ein Regen sein, ein Regen aus den Wolken wohl in das grüne Gras.

2. Und kommst du, liebe Sonn, nit bald, so welfet alls im grünen Wald, und all die müden Blumen, die haben müden Tod.

3. Es geht eine dunkle Wolk herein, es soll und muß geschieden sein; ade, Feinslieb, dein Scheiden macht mir das Herze schwer.

Nach Fabricius, Liederbuch, 1603.

1. Gut Gsell, und du mußt wandern, dein Schätzlein liebt ein andern; die ich geliebet hab____, bei der bin ich schabab. Kann dirs nicht gnugsam klagen, mein

## ABSCHIED

Schmerz und auch mein Pein; ich hoff jedoch, es wird ſich noch an ihr ſelbſt rächen ſein.

2. Nun fahre, was nicht bleiben will, es ſind der Mutterkinder viel. Iſt eine mir beſchert und ſie mir zugekehrt in rechten, guten Treuen, nicht wie ein falſches Kind ſondern gerecht, ganz unverſchmäht ich mich mit ihr verbind.

3. Doch reut mich noch das Mägdelein, dieweil es iſt ſo zart und fein, daß ſie ihr junge Tag verzehren ſoll in Klag mit einem alten Mann, der keine Freud ihr macht, nur ſauer ſicht und ſtetig kriegt, des Jahrs nur einmal lacht.

4. Alſo muß ich mich ſcheiden hin, und ob ich jetzund traurig bin; nach ſolcher trüber Zeit kommt gerne wieder Freud. Wenn Gott der Herr läßt ſcheinen ſein liebe, helle Sonn im grünen Wald, alsdann kommt bald auch wieder Freud und Wonn.

Nach dem Wunderhorn.

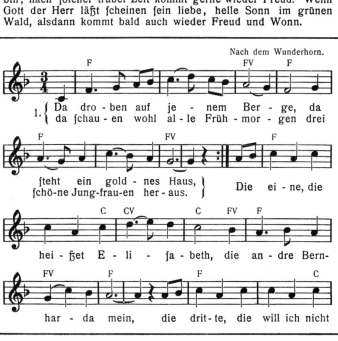

1. Da droben auf jenem Berge, da ſteht ein gold-nes Haus,
   da ſchau-en wohl al-le Früh-mor-gen drei ſchö-ne Jung-frau-en her-aus.
   Die ei-ne, die hei-ßet E-li-ſa-beth, die an-dre Bern-har-da mein, die drit-te, die will ich nicht

## ABSCHIED

nen - nen, die follt mein ei - gen fein.

2. Da drunten in jenem Tale, da treibt das Waffer ein Rad, das treibet nichts als Liebe vom Morgen bis Abend fpat; das Mühlrad ift zerbrochen, die Liebe, die hat kein End, und wenn fich zwei Herzlieb tun fcheiden, fo reichen s einander die Händ.

3. Ach Scheiden, ach Scheiden, ach Scheiden! Wer hat doch das Scheiden erdacht? Das hat ja mein jungfrifch Herzelein aus Freuden in Trauern gebracht. Dies Liedlein hat hier ein Ende, es hats wohl ein Müller erdacht, den hatte des Ritters Töchterlein vom Lieben zum Scheiden gebracht.

Nach dem Wunderhorn. Mel. Anfang des 18. Jahrhunderts.

1. { Es rit-ten drei Rei-ter zum To-re hinaus, a-de! }
   { Feinsliebchen, das fchaute zum Fenfter heraus, a-de! }

Und wenn es denn foll ge-fchie-den fein, fo reich mir dein gol-de-nes Rin-ge-lein! A-de, a-de, a-de! Ja, Schei-den und Mei-den tut weh.

2. Und der uns fcheidet, das ift der Tod, ade! Er fcheidet fo manches Jungfräulein rot, ade! Er fcheidet fo manchen Mann vom Weib, die konnten fich machen viel Zeitvertreib. Ade, ade, ade! Ja, Scheiden und Meiden tut weh.

# ABSCHIED

3. Er scheidet das Kindlein wohl in der Wiegn, ade! Wann werd ich mein schwarzbraunes Mädel doch kriegn? Ade! Und ist es nicht morgen, ach, wär es doch heut, es macht uns allbeiden gar große Freud. Ade, ade, ade! Ja, Scheiden und Meiden tut weh.

2. Es trauern Berg und Tal, wo ich viel tausendmal bin drüber gangen; das hat deine Schönheit gemacht, hat mich zum Lieben gebracht mit großem Verlangen.
3. Das Brünnlein rinnt und rauscht wohl unterm Holderstrauch, wo wir gesessen. Wie manchen Glockenschlag, da Herz bei Herzen lag, das hast vergessen.
4. Die Mädchen in der Welt sind falscher als das Geld mit ihrem Lieben. Ade zur guten Nacht! Jetzt wird der Schluß gemacht, daß ich muß scheiden.

## ABSCHIED

Aus Franken.

1. Der helle Tag bricht an, die klare Sonn scheint schon. Es weint so manche Mutter um ihren lieben Sohn.
2. Nach Würzburg wurd ich geführt, unters Maß habens mich stalliert; das kann sich einer denken, dems selber ist passiert.
3. Ihr liebste Eltern mein, wegn meiner dürfts nicht wein; ihr habt mich gut erzogen aus meiner Wiegen klein.
4. Hab ich euch Leids getan, so denkt nicht mehr daran! Gott wird es euch schon lohnen, wenn ich es nicht mehr kann.

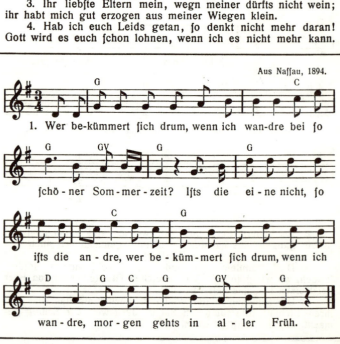

Aus Nassau, 1894.

1. Wer bekümmert sich drum, wenn ich wandre bei so schöner Sommerzeit? Ists die eine nicht, so ists die andre, wer bekümmert sich drum, wenn ich wandre, morgen gehts in aller Früh.

## ABSCHIED

2. Ich habe ja noch zwei Piſtolen, zu betreiben einen Schuß, meinem Schätzlein zu gefallen, ſie iſt ja die Schönſte von allen; ſchade, daß ich von ihr muß.

3. Sie dreht ſich herum und weinet, denn der Abſchied fällt ihr ſchwer. |: Ihre Äuglein, die geben Waſſer, :| fließet in das tiefe Meer.

4. Die Nacht hat mich überfallen, ich muß bleiben hier im Wald, hier muß ich mein Zelt aufſchlagen, hier muß ich mein Leben wagen, hier in dieſem grünen Wald.

Melodie um 1826.

1. Es, es, es und es, es iſt ein har-ter Schluß,
weil, weil, weil und weil, weil ich aus Frankfurt
muß. Drum ſchlag ich Frank-furt aus dem Sinn und
wen-de mich Gott weiß wo-hin. Ich
will mein Glück pro-bie-ren, mar-ſchie-ren.

2. |: Er, er, er und er, Herr Meiſter, leb er wohl! :| Ich ſags ihm grad frei ins Geſicht, ſeine Arbeit, die gefällt mir nicht: ich will mein Glück probieren, marſchieren.

3. |: Sie, ſie, ſie und ſie, Frau Meiſtrin, leb ſie wohl! :| Ich ſags ihr grad frei ins Geſicht, ihr Speck und Kraut, das ſchmeckt mir nicht: ich will mein Glück probieren, marſchieren.

4. |: Er, er, er und er, Herr Wirt, nun leb er wohl! :| Hätt er die Kreid nicht doppelt geſchrieben, ſo wär ich noch länger dageblieben: ich will mein Glück probieren, marſchieren.

5. |: Ihr, ihr, ihr und ihr, ihr Jungfern, lebet wohl! :| Ich wünſch euch jetzt zu guter Letzt einen andern, der mein Stell erſetzt: ich will mein Glück probieren, marſchieren.

## ABSCHIED

Durch ganz Deutschland.

1. Mor-gen will mein Schatz ver-rei-fen, Ab-fchied neh-men mit Ge-walt. Drau-ßen fin-gen fchon die Vö-gel, fin-gen fchon die Vö-gel in dem grü-nen, grü-nen Wald. Denn es ift ja fo fchwer, aus der Hei-mat zu gehn, wenn die Hoff-nung nicht wär auf ein Wie-der- Wie-der-fehn. Le-be wohl, le-be wohl, le-be wohl, le-be wohl, le-be wohl auf Wie-der-fehn!

2. Saßen da zwei Turteltauben, faßen wohl auf grünem Aft. Wo fich |: zwei Verliebte fcheiden, :| da verwelken Laub und Gras. Denn es ift ja fo fchwer, ufw.

3. Laub und Gras, das mag verwelken, aber unfre Liebe nicht. Du kommft |: mir aus meinen Augen, :| aber aus dem Herzen nicht. Denn es ift ja fo fchwer, ufw.

## ABSCHIED

**4.** Eine Schwalbe macht kein Sommer, ob sie gleich die erste ist; und mein |: Liebchen macht mir Kummer, :| ob sie gleich die Schönste ist. Denn es ist ja so schwer, usw.

**5.** Spielet auf, ihr Musikanten, spielet auf ein Abschiedslied meinem |: Liebchen zu Gefallen, :| mags verdrießen, wen es will. Denn es ist ja so schwer, usw.

---

Schwäbisch.

**1.** Muß i denn, muß i denn zum Städtele naus, und du, mein Schatz, bleibst hier? Wenn i komm, wenn i komm, wenn i wiedrum komm, kehr i ein, mein Schatz, bei dir. Kann i glei net allweil bei dir sein, han i doch mein Freud an dir; wenn i komm, wenn i komm, wenn i wiedrum komm, kehr i ein, mein Schatz, bei dir.

**2.** Wie du weinst, wie du weinst, daß i wandere muß, wie wenn d Lieb jetzt wär vorbei; sind au drauß, sind au drauß der Mädele viel, lieber Schatz, i bleib dir treu. Denk du net, wenn i ein andre seh, no sei mein Lieb vorbei; sind au drauß usw.

**3.** Übers Jahr, übers Jahr, wenn mer Träubele schneidt, stell i hier mi wiedrum ein; bin i dann, bin i dann dein Schätzele noch, so soll die Hochzeit sein. Übers Jahr, do ist mei Zeit vorbei, do ghör i mein und dein; bin i dann usw.

Aus dem Badischen Unterland.

1. Jetzt rei-sen wir zum Tor hin-aus, a-de, jetzt rei-sen wir zum Tor hin-aus, Feins-lieb-chen schaut zum Fen-ster her-aus, a-de, a-de, a-de!

**2.** |: „Mein Schatz, laß doch dein Schauen sein, ade, :| ich kann ja nimmer bei dir sein, ade, ade, ade!"

**3.** |: „Und kannst du nicht mehr bei mir sein, ade, :| so reich mir nur dein Händelein, ade, ade, ade!"

**4.** |: Das Händlein reichen, und das tut weh, ade, :| wir scheiden uns ja nimmermehr, ade, ade, ade!

**5.** |: Die Kirschen, die sind schwarz und rot, ade, :| ich lieb mein Schatz bis in den Tod, ade, ade, ade!

## MINNEDIENST

Aus Kretzschmers Volksliedern.

1. Wach auf, meins Herzens Schöne, Herzallerliebſte mein!
Ich hör ein ſüß Getöne von kleinen Waldvöglein,
die hör ich ſo lieblich ſingen; ich mein, ich ſäh des Tages Schein vom Orient herdringen.

2. Ich hör die Hahnen krähen und ſpür den Tag dabei, die kühlen Windlein wehen, die Sternlein leuchten frei; ſingt uns Frau Nachtigalle, ſingt uns ein ſüße Melodei, ſie neut den Tag mit Schalle.

3. Der Himmel tut ſich färben aus weißer Farb in blau, die Wolken tun ſich färben aus ſchwarzer Farb in grau; die Morgenröt tut herſchleichen, wach auf mein Lieb und mach mich frei, die Nacht will uns entweichen.

# MINNEDIENST

2. Sie hat zwei Äuglein, die find braun: hüt du dich! Sie hat zwei Äuglein, die find braun, fie werden dich überzwerch anfchaun: hüt du dich, hüt du dich, ufw.

3. Sie hat ein gelb goldfarbig Haar: hüt du dich! Sie hat ein gelb goldfarbig Haar, und was fie redet, ift nicht wahr: hüt du dich, hüt du dich, ufw.

4. Sie gibt dir ein Kränzlein fein gemacht: hüt du dich! Sie gibt dir ein Kränzlein fein gemacht, für einen Narren wirft du geacht: hüt du dich, hüt du dich, ufw.

# MINNEDIENST

1. Es ſaß ein Kä-ter-lein auf dem Dach, es hät-te ſich bald zu To-de ge-lacht.

2. „Nun lache, nun lache, mein Käterlein fein, übers Jahr ſollſt du mein eigen ſein.
3. Wohl in mein Ärmlein will ich dich ſchließen, und ſollt es gleich Vater und Mutter verdrießen."
4. „Es ſcheint die Sonne, ſo leuchten die Stern; bei meinem Feinsliebelein wär ich ſo gern.
5. Bei meinem Feinsliebelein allein; Gott weiß wohl, wen ich mein, ja mein."

1. { Mir iſt ein ſchöns brauns Mai-de-lein ge-falln in mei-nen Sinn.
   { Wollt Gott, ich ſollt heint bei ihr ſein, mein Trau-ren führ da-hin! }
Kein Tag und Nacht hab ich kein Ruh, das ſchafft ihr ſchön Ge-ſtalt, weiß nit, wie ich ihm für-baß tu, mein Feins-lieb macht mich alt.

## MINNEDIENST

2. Dem Maidlein ich gern dienen wollt, wenn ichs mit Fugen könnt, darumb hab ich der Neider viel, das mir nit wird vergönnt. Ich hoff, sie solls erfahren bald, wie ichs so treulich mein; auf Erd ich mir nichts wünschen wollt, denn bei ihr sein allein.

3. Dem Maidlein ich mein Treu versprich zu Ehrn und anders nicht, alls, was doch fromm und ehrlich ist, darnach ich mich stets richt. Soll denn mein Treu verloren sein? Kränkt mir mein Sinn und Gmüt. Ich hoff, sie solls erfahren schier, mein Sach soll werden gut.

4. Damit will ich dem Maidelein gesungen haben frei zu guter Nacht ein Liedelein, alls Guts wünsch ich darbei, damit daß sie gedenk an mich, wenn ich nit bei ihr bin. So bhüt dich Gott im Himmelreich, alde! Ich fahr dahin.

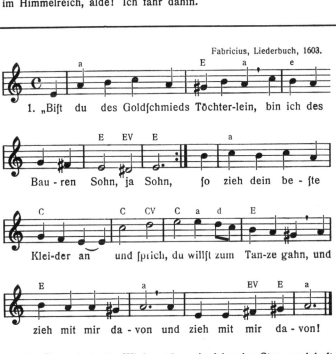

Fabricius, Liederbuch, 1603.

1. "Bist du des Goldschmieds Töchterlein, bin ich des Bauren Sohn, ja Sohn, so zieh dein beste Kleider an und sprich, du willst zum Tanze gahn, und zieh mit mir davon und zieh mit mir davon!

2. Über ein breite Wiesen, über ein schmalen Steg, und hast du mich von Herzen lieb, dein treues Herz mir Glauben gibt, |: und zieh auch mit mir weg! :|

3. Darum, du zartes Jungfräulein, zieh du mit mir davon!" "Ich will zuvor mein Mutter fragn, rät sie mir das, so will ichs wagn |: und ziehn mit dir davon." :|

MINNEDIENST

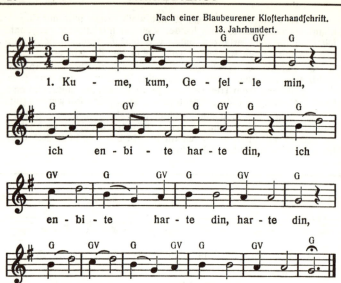

2. Süßer, rosenvarwer Munt, kum und mache mich gesunt, mich gesunt, süßer, süßer, süßer, rosenvarwer Munt!

voll, ich günns dem Maid-lein wohl.

2. Sie hat ein roten Munde und zwei Äuglein klar, ja klar, auch ein schneeweißen Leibe, darzu goldfarbes Haar; das zieret sie fürwahr.

3. Das Maidlein, das ich meine, ist so hübsch und fein, ja fein; wenn ich dasselb anblicke, sich freut das Herze mein; des eigen will ich sein.

Nach Forster, 1540.

1. Gar lieb-lich hat sich ge-sel - - - let mein Herz in kur-zer Frist
   zu ei-ner, die mir ge-fäl - - - let, Gott weiß wohl, wer sie ist.

Sie lie-bet mich ganz in-nig-lich, die Al - - ler-lieb-ste mein, mit Treu-en ich sie mein.

2. Wohl für des Maien Blüte hab ich sie auserkorn. Sie erfreuet mein Gemüte, mein Dienst hab ich ihr geschworn. Den will ich halten stätiglich mit Willen ganz untertan, dieweil ich das Leben han.

3. Ich gleich sie einem Engel, die Allerliebste mein, ihr Härlein krausgelb als ein Sprengel, ihr Mündlein rot als ein Rubein. Zwei blanke Ärmlein, die sind schmal, dazu ein roter Mund, der lachet zu jeder Stund.

# MINNEDIENST

2. Der die Röslein wird brechen ab, Röslein auf der Heiden,
das wird wohl tun ein junger Knab, züchtig fein beſcheiden. So
ſtehn die Näglein auch allein, der lieb Gott weiß wohl, wen ich mein.
Sie iſt ſo grecht, von gutem Gſchlecht, von Ehren hoch geboren.

3. Beut mir her deinen roten Mund, Röslein auf der Heiden,
ein Kuß gib mir aus Herzensgrund, ſo ſteht mein Herz in Freuden.
Behüt dich Gott zu jeder Zeit, all Stund und wie es ſich begeit!
Küß du mich, ſo küß ich dich, Röslein auf der Heiden.

# MINNEDIENST

du meins Va-ters Haus. Schweig ftill, fchweig ftill, fchweig ftill, fchweig ftill und laß dein Fra-gen fein!"

2. "So bellet denn das Hündlein dein, fäuberliches Mägdelein!" "Ruf den Wächter leife ein, fo läßt der Hund das Bellen fein. |: Schweig ftill :| und laß dein Fragen fein!"

3. "So knarret denn das Türlein dein, fäuberliches Mägdelein!" "Nimm den Haspen in die Hand, fo gwinnt die Tür ein leifen Gang. |: Schweig ftill :| und laß dein Fragen fein!"

4. "So fchimmert denn das Feuer dein, fäuberliches Mägdelein!" "Geuß ein wenig Waffer drein, fo läßt das Feur das Schimmern fein. |: Schweig ftill :| und laß dein Fragen fein!"

5. "Wo find ich denn dein Kämmerlein, fäuberliches Mägdelein?" "Bei der Küchen an der Wand, halt dich nur auf die rechte Hand! |: Schweig ftill :| und laß dein Fragen fein!"

6. "Wie foll ich auf den Morgen tun, fäuberliches Mägdelein?" "Zieh dich an und geh davon, fo follft du auf den Morgen tun. |: Schweig ftill :| und laß dein Fragen fein!"

1. Du mein ein-zig Licht, die Lilg und Ros hat nicht, was an

Farb und Schein dir möcht ähn-lich fein, nur daß dein

ftol-zer Mut der Schön-heit Un-recht tut.

2. Meine Heimat du, von folcher Luft und Ruh ift der Himmel gar wie die Erde bar. Nur daß dein ftrenges Wort mich wehrt vom füßen Port.

# MINNEDIENST

1. Mit Luft tät ich ausreiten durch einen grünen Wald. Darin, da hört ich singen, ja singen, drei Vöglein wohlgestalt.

2. Und feind es nit drei Vögelein, so seins drei Jungfräulein; soll mir das ein nit werden, ja werden, es gilt das Leben mein.

3. Das eine heißet Ursulein, das zweite Babelein, das dritt hat keinen Namen, ja Namen, das soll des Reiters sein.

4. Wer ists, der uns dies Liedlein sang, frisch, frei gesungen hat? — Das hat getan ein Reiter, ja Reiter zu Landsberg in der Stadt.

5. Dabei da hent gesessen drei zart Jungfräuelein. Die habens nit vergessen, vergessen bei Met und kühlem Wein.

Text bei Vannius, Mel. bei Ott, 1544.

1. Es taget vor dem Walde; stand uf, Kätterlin! Die Hasen laufen balde; stand uf, Kätterlin! Holder Buel, hei-a-ho!

## MINNEDIENST

2. Es taget in der Aue; ſtand uf, Kätterlin! Schöns Lieb, laß dich anſchauen; ſtand uf, Kätterlin! Holder Buel, heiaho! Du biſt min, ſo bin ich din. Heiaheiaho! Stand uf, Kätterlin!

2. Das Blümli, das ich meine, iſt brun, ſtaht auf dem Ried, von Art iſt es ſo kleine, es heißt: nun hab mich lieb! Das iſt mir abgemähet wol in dem Herzen mein, mein Lieb hat mich verſchmähet; wie mag ich fröhlich ſein?

3. Mein Herz, das leit in Kummer, daß mein vergeſſen iſt, ſo hoff ich auf den Summer und auf des Maien Friſt; die Rieſen ſind vergangen, darzu der kalte Schnee, mein Lieb hat mich umfangen: nun, Winter, heißts: ade!

# MINNEDIENST

2. U mah-n-er mir nit wärde — Simelibärg! — Und ds Vreneli ab em Guggisbärg und ds Simes Hans-Joggeli änet dem Bärg — u mah-n-er mir nit wärde, vor Chummer ſtirbe-n-i.

3. I mines Büelis Garte — Simelibärg! — Und ds Vreneli ab em Guggisbärg und ds Simes Hans-Joggeli änet dem Bärg — i mines Büelis Garte, da ſtah zwey Bäumeli.

4. Das eini treit Muſchgate — Simelibärg! — Und ds Vreneli ab em Guggisbärg und ds Simes Hans-Joggeli änet dem Bärg — das eini treit Muſchgate, das andri Nägeli.

5. Muſchgate, die ſi ſüeßi — Simelibärg! — Und ds Vreneli ab em Guggisbärg und ds Simes Hans-Joggeli änet dem Bärg — Muſchgate, di ſi ſüeßi, u d Nägeli ſi räß.

6. I gabs mim Lieb z verſueche — Simelibärg! — Und ds Vreneli ab em Guggisbärg und ds Simes Hans-Joggeli änet dem Bärg — i gabs mim Lieb z verſueche, daſs miner nit vergäſs.

7. Ha di no nie vergäſſe — Simelibärg! — Und ds Vreneli ab em Guggisbärg und ds Simes Hans-Joggeli änet dem Bärg — ha di no nie vergäſſe, ha immer a di dänkt.

## MINNEDIENST

8. Es ſi numeh zweu Jahre — Simelibärg! — Und ds Vreneli ab em Guggisbärg und ds Simes Hans-Joggeli änet dem Bärg — es ſi numeh zweu Jahre, daß mi han a di ghänkt.

9. Dört unden i der Tiefi — Simelibärg! — Und ds Vreneli ab em Guggisbärg und ds Simes Hans-Joggeli änet dem Bärg — dört unden i der Tiefi, da ſteit es Mülirad.

10. Das mahlet nüt als Liebi — Simelibärg! — Und ds Vreneli ab em Guggisbärg und ds Simes Hans-Joggeli änet dem Bärg — das mahlet nüt als Liebi, die Nacht und auch den Tag.

# MINNEDIENST

Schlesisches Volkslied.

1. "Wohl heute noch und morgen, da bleibe ich bei dir, wenn aber kommt der dritte Tag, so muß ich fort von hier."

2. "Wann kommst du aber wieder, Herzallerliebster mein?" "Wenns schneiet rote Rosen und regnet kühlen Wein."

3. "Es schneiet keine Rosen, es regnet keinen Wein: so kommst du auch nicht wieder, Herzallerliebster mein!"

4. In meines Vaters Garten legt ich mich nieder und schlief, da träumet mir ein Träumelein, wies schneiet über mich.

5. Und als ich nun erwachte, da war es lauter Nichts; es warn die roten Röselein, die blühten über mich.

6. Der Knabe kehrt zurücke, geht zu dem Garten ein, trägt einen Kranz von Rosen und einen Becher Wein.

7. Hat mit dem Fuß gestoßen wohl an das Hügelein: er fiel, da schneit es Rosen, da regnets kühlen Wein.

Nach dem Lochheimer Liederbuch, 1460.

1. { All mein Gedanken, die ich hab, die sind bei dir.
    Du auserwählter einger Trost, bleib stät bei mir! }
Du, du, du sollst an mich gedenken; hätt ich aller Wünsch Gewalt, von dir wollt ich nicht wenken.

2. Du auserwählter einger Trost, gedenk daran, mein Leib und Seel, das sollst du gar zu eigen han. Dein, dein, dein will ich ewig bleiben; du gibst mir Kraft und hohen Mut, kannst all mein Leid vertreiben.

## MINNEDIENST

Erk-Böhme.

1. Dort nieden in jenem Holze leit sich ein Mühlen stolz. Sie mahlt uns alle Morgen, sie mahlt uns alle Morgen das Silber und rote Gold.

2. Dort nieden in jenem Grunde schwemmt sich ein Hirschlein fein. Was führt es in seinem Munde? Von Gold ein Ringelein.

3. Hätt ich des Goldes ein Stücke zu einem Ringelein, meinem Buhlen wollt ichs schicken zu einem Goldfingerlein.

4. Was schickt sie mir denn wieder? Von Perlen ein Kränzelein: „Sich da, du feiner Ritter, dabei gedenk du mein!"

Oberschwäbisch.

1. Rosestock, Holderblüt! Wann i mein Dirnderl sieh, lacht mer vor lauter Freud s Herzerl im Leib. Tralalala, Tralalala, Tralala, Tralalalala! Tralalala, Tralalala, Tralalala!

2. Gsichterl wie Milch und Blut, s Dirnderl ist gar so gut, um und um dockerlnett, wenn i s no hätt! Tralalala usw.

3. Armerl so kugelrund, Lippe so frisch und gsund, Füßerl so hurtig gschwind, tanzt wie der Wind. Tralalala usw.

4. Wenn i ins dunkelblau, funkelhell Augerl schau, mein i, i seh in mei Himmelreich nei. Tralalala usw.

MINNEDIENST

Zuccalmaglio, nach einem Kuhländischen Volksliede.

1. „Feins-lieb-chen, du follft mir nicht bar-fuß gehn, du zer-

trittft dir die zar-ten Füß-lein fchön, tra-la-la-la,

tra-la-la-la! Du zertrittft dir die zar-ten Füß-lein fchön."

2. „Wie follte ich denn nicht barfuß gehn, hab keine Schuh ja anzuziehn."
3. „Feinsliebchen, willft du mein eigen fein, fo kaufe ich dir ein Paar Schühlein fein."
4. „Wie könnte ich euer eigen fein, ich bin ein armes Mägdelein."
5. „Und bift du auch arm, fo nehm ich dich doch, du haft ja die Ehr und die Treue noch."
6. „Die Ehr und die Treue mir keiner nahm, ich bin, wie ich von der Mutter kam."
7. Was zog er aus feiner Tafchen fein? Von lauter Gold ein Ringelein.

Von der Nordfeemarfch.

1. Dat du min Leev-ften büft, dat du wull weeft. Kumm bi de Nacht, kumm bi de Nacht,

# MINNEDIENST

ſegg, wo du heeſt! Kumm bi de Nacht, kumm bi de Nacht, ſegg, wo du heeſt!

2. Kumm du um Middernacht, kumm du Klock een! Vader ſlöpt, Moder ſlöpt, ik ſlaap alleen.

3. Klopp an de Kamerdör, fat an de Klink! Vader meent, Moder meent, dat deit de Wind.

Aus Schwaben.

1. Das Lie-ben bringt groß Freud, es wiſ-ſens al-le Leut. Weiß mir ein ſchö-nes Schät-ze-lein mit zwei ſchwarzbraunen Äu-ge-lein, die mir, die mir, die mir mein Herz er-freut.

2. Ein Brieflein ſchrieb ſie mir, ich ſollt treu bleiben ihr. Drauf ſchickt ich ihr ein Sträußelein, ſchön Rosmarin, brauns Nägelein, ſie ſollt, ſie ſollt, ſie ſollt mein eigen ſein.

3. Mein eigen ſollt ſie ſein, keinem andern mehr als mein. So leben wir in Freud und in Leid, bis uns Gott, der Herr, auseinander ſcheidt. Dann ade! Dann ade! Ade mein Schatz, ade!

# MINNEDIENST

2. Lieble ifts überall, lieble auf Erde, lieble ifts überall, luftig im Mai. Wenn es nur mögle wär, z mache wär, mögle wär, mei müßt du werde, mei müßt du fein!

3. Wenn d zu meim Schätzle kommft, tu mers schön grüße! Wenn d zu meim Schätzle kommft, fag ihm viel Grüß! Wenn es fragt, wie es geht, wie es fteht, wie es geht, fag, auf zwei Füße, fag, auf zwei Füß.

4. Und wenn es freundle ift, fag, i fei gftorbe, und wenn es lache tut, fag, i hätt gfreit. Wenns aber weine tut, klage tut, weine tut, fag, i komm morge, fag, i komm heut.

5. Mädle, trau net fo wohl, du bift betroge, Mädle, trau net fo wohl, du bift in Gfohr. Daß i di gar net mag, nemme mag, gar net mag, fell is verloge, fell is net wohr.

2. Keine Roſe, keine Nelke kann blühen ſo ſchön, als wenn zwei verliebte Seelen beieinander tun ſtehn.

3. Setze du mir einen Spiegel ins Herze hinein, damit du kannſt ſehen, wie ſo treu ich es mein.

2. Ich ſah ſie geſtern Abend, ich ſah ſie geſtern Abend wohl in der Türe ſtehn, wohl in der Türe ſtehn.

3. Sie ſagt, ich ſollt ſie küſſen, die Mutter ſollts nicht wiſſen. Die Mutter wards gewahr, daß jemand bei ihr war.

4. „Ach Mädel, willſt du freien? Es wird dich bald gereuen! Gereuen wird es dich, daß du verläſſeſt mich!

5. Wenn alle jungen, jungen Mädelchen mit ihren grünen, grünen Kränzelchen wohl auf den Tanzboden gehn, wohl auf den Tanzboden gehn;

6. So mußt du junges Weibchen mit deinem zarten Leibchen wohl an der Wiege ſtehn, wohl an der Wiege ſtehn.

7. Mußt ſingen: Ru-Ru-Rinnchen, ſchlaf du, mein liebes Kindchen, ſchlaf du in guter Ruh, tu deine Äuglein zu!"

8. Ach, hätt das Feuer nicht ſo ſehr gebrennt, ſo wär die Lieb nicht angezündt. Das Feuer brennt ſo ſehr, die Liebe noch viel mehr.

9. Das Feuer kann man löſchen, die Liebe nicht vergeſſen, ja nun und nimmermehr, ja nun und nimmermehr.

## MINNEDIENST

Aus der Rheinpfalz.

1. Nach-ti-gall, ich hör dich fin-gen, s Herz im Leib möcht mir zer-fprin-gen, kom-me du und fag mir wohl, wie ich mich ver-hal-ten foll___, wie ich mich ver-hal-ten foll.

2. Nachtigall, ich feh dich laufen, an das Bächlein gehft du faufen, du tunkft dein kleines Schnäblein ein, meinft, es wär der befte Wein.

3. Nachtigall, wo ift gut wohnen? Bei der Linde, bei der Donen, bei der fchön Frau Nachtigall: „Grüß mein Schatz vieltaufendmal!"

Siebenbürgen.

1. Es faß ein klein wild Vö-ge-lein auf ei-nen grü-nen Äft-chen; es fang die gan-ze Win-ter-nacht, die Stimm tät laut er-klin-gen.

## MINNEDIENST

2. „O, sing mir noch, o, sing mir noch, du kleines wildes Vöglein! Ich will um deine Federchen dir Gold und Seide winden."

3. „Behalt dein Gold und deine Seid! Ich will dir nimmer singen; ich bin ein klein wild Vögelein, und niemand kann mich zwingen."

Aus Oberhessen.

1. Es wollte sich einschleichen ein kühles Lüftelein.
   Geh hin zu deinesgleichen, du sollst mein eigen sein.
   Verlassen tu ich dich nicht, wenn gleich das Herze mir bricht. Treu und beständig sollst du sein, du sollst mein eigen sein.

2. Ich hört ein Vöglein pfeifen, das pfeift die ganze Nacht, vom Abend bis zum Morgen, bis daß der Tag anbrach. Schließ du mein Herz wohl in das dein, schließ eins ins andre hinein, daraus soll wachsen ein Blümelein, das heißt Vergißnichtmein.

3. In meines Vaters Garten, da stehn zwei Bäumelein, das eine trägt die Reben, das andre Röselein. Schließ du mein Herz wohl in das dein, schließ eins ins andre hinein, daraus soll wachsen ein Blümelein, das heißt Vergißnichtmein.

MINNEDIENST

2. Schätzle, wie meinst dus mit mir, meinst du, daß ich dich vexier? Meinst du, daß ich mich bekränk oder ins Wasser versenk? Lieget die Schuld nicht an dir, weil du so umgehst mit mir?
3. Schätzle, laß dein Trotzen nur sein, trotzen, das stehet dir nicht fein; freundlich bist erst gewest mit mir aufs allerbest. Aber drei Wochen nachher redst du kein Wörtle nit mehr.
4. Schätzle, was sagen dein Leut, daß dich das Lieben so freut? "Mein Leut sagn jederzeit: Lieben geht weit und breit, Lieben geht in der Welt rum, Schätzle, schau dich nochmal um!"
5. Unser Herr Pfarrer hat gsagt: "Nimm dich bei d Mädel in acht! Wenns der Stadtreuter sieht, daß du bei d Mädel stehst, hilft dir kein Bitt und kein Gnad, mußt du ja werden Soldat."

2. Dasselbig Maidlein ist hübsch und fein und tritt auf zwei Pantoffel herein, |: gar hübsch kanns einherschnappen. :| Geht einer für sie und grüßt sie nit recht, |: sie hängt ihm an ein Kappen. :|

3. Sie spricht, er sei ein rechter Narr, so er nichts zu ihr sprechen darr\*), |: er gefällt ihr nit von Herzen. :| Sie wollt gern haben einen frechen Knaben, |: der flugs mit ihr tät scherzen. :|

4. Damit will ich mein Lied beschließen, ich fürcht, es möcht das Maidlein verdrießen, |: würd nimmer mit mir tanzen. :| Es gefällt mir auch ein wenig wohl, |: denn es kann viel Kramanzen. :|

2. Jetzt aber isch mers gwanderet dem Oberländle zu, do findt es bald en andere, s isch doch e kecker Bue.

3. Und weil i net ka hinterdrei in meine dünne Schuh, guck i au no em andern aus, Gott geb mer Glück derzu!

---

\*) wage.

## MINNEDIENST

Aus dem Bernerland. Röseligarten.

1. Es Bu-re-büeb-li mah-n-i nit, das gſeht me mir wohl

a, ju-he! es Bu-re-büeb-li mah-n-i nit, das

gſeht me mir wohl a. Fi-di-ri, fi-di-ra, fi-di-

rall-la-la, fi-di-rall-la-la, fi-di-rall-la-la, es

Bu-re-büeb-li mah-n-i nit, das gſeht me mir wohl a.

2. S mueß einer ſi gar hübſch u fin, darf keini Fähler ha, juhe! Fidiri, fidira, fidirallala, darf keini Fähler ha.
3. Und Herrebüebli gits ja nit, wo keini Fähler hei, juhe! Fidiri, fidira, **fidirallala**, wo keini Fähler hei.
4. Drum blibe-n-i ledig bis in den Tod, ſo het die Lieb es Änd, juhe! Fidiri, fidira, fidirallala, ſo het die Lieb es Änd.

Schnell.     Zwiſchen Rothenburg und Wimpfen.

1. Es wollt ein Jägerlein ja-gen drei-vier-tel Stund vor

Ta-ge wohl in dem grü-nen Wald, ja Wald, wohl

in dem grü-nen Wald. Hal-lo, hal-lo, hal-lo, hal-lo, hal-lo, im grü-nen Wald.

2. Da traf er auf der Heide ſein Lieb im weißen Kleide; ſie war ſo wunderſchön.
3. Sie täten ſich umfangen, und Lerch und Amſel ſangen vor lauter Lieb und Luſt.
4. Sie tät dem Jäger ſagen: „Ich möcht ein Kränzlein tragen auf meinem blonden Haar."
5. „Will zum Altar dich führen, dich ſoll ein Kränzlein zieren und dann ein Häubchen fein!"

Aus Öſtreich-Schleſien.

1. Ge-ſtern bei Mon-den-ſchein ging ich ſpa-zie-ren in dem Haus-gär-te-lein, in dem Haus-gär-te-lein bei Mon-den-ſchein.

2. Da ſaß ein Mägdelein wohl ganz alleine |: in dem Hausgärtelein :| bei Mondenſchein.
3. „Mägdlein, was machſt du hier ſo ganz alleine |: in dem Hausgärtelein :| bei Mondenſchein?"
4. „Ich bind ein Kränzlein von grünen Cypreſſen |: in dem Hausgärtelein :| bei Mondenſchein.
5. Es ſoll dem Liebſten ſein, wenn er wird kommen |: in das Hausgärtelein :| bei Mondenſchein."

2. Einſt ging ich über Berg und Tal, da ſang ſo ſchön Frau Nachtigall, |: ſie ſang ſo ſchön, ja ſchön, ſie ſang ſo fein, ja fein, ſie ſang, ich ſollt ihr Liebſter ſein. :|

3. Jetzt ging ich zu dem Stadttor ein, da ſtand mein Schatz ſo ganz allein. |: Mir tut mein Herz, mir tuts ſo weh, ja weh, wenn ich mein Schatz auf der Schloßwach ſeh. :|

4. Jetzt ging ich zu dem Goldſchmied ein, kauft meinem Schatz ein Ringelein, |: ein Ringelein an die rechte Hand, ja Hand: ſo reiſen wir nach Sachſenland. :|

5. Nach Sachſenland, da mag ich nicht, die langen Kleider, die lieb ich nicht. |: Die langen Kleider, die Schnallenſchuh, ja Schuh, die kommen keiner Dienſtmagd zu. :|

## MINNEDIENST

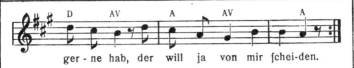

ger - ne hab, der will ja von mir ſchei-den.

2. Und ſcheidet er ſo weit von hier, ſo wünſch ich ihm viel Gutes. Wo ich ihn ſeh, wo ich ihn hör, ſchwingt mir mein Herz im Blute.

3. Wenn von Papier der Himmel wär und jeder Stern ein Schreiber, und jeder Schreiber hätt tauſend Händ, ſie ſchriebn nicht unſre Lieb zu End.

Vom Rhein.

1. „Frau Nach - ti - gall, kleins Vö - ge - lein, willſt du Herz - lieb - chens Bo - te ſein?" „Wie ſollt ich kön - nen dein Bo - te ſein, ich bin nur ein kleins Vö - ge - lein."

2. „Und biſt du klein, ſo biſt du ſchnell, bring meinem Lieb die Botſchaft ſelbſt, nimm du den Brief in deinen Mund und flieg dahin in einer Stund."

3. Sie flog wohl über Berg und Tal, bis daß ſie vors Schlaffenſter kam, ſie gab dem Fenſter einen Stoß: „Schatz, ſchläfſt du, oder biſt du tot?"

4. „Ich ſchlafe nicht, ich bin nicht tot, ich hör, was mir mein Lieb entbot, er hat geſchrieben einen Brief, er hat genommen ein ander Lieb."

## MINNEDIENST — LIEBESKLAGE

Aus Schwaben.

1. Wenn al-le Brünn-lein flie-ßen, so muß man trin-
   Wenn ich mein Schatz nicht ru-fen darf, tu ich ihm win-

ken.
ken. } Wenn ich mein Schatz nicht ru-fen darf,

ju, ja, ru-fen darf, tu ich ihm win-ken.

2. Ja, winken mit den Äugelein und treten auf den Fuß:
s ist eine in der Stube drin, die meine werden muß.
3. Warum sollt sies nit werden, ich hab sie ja so gern. Sie
hat zwei blaue Äugelein, die glänzen wie zwei Stern.
4. Sie hat zwei rote Wängelein, sind röter als der Wein,
ein solches Mädel findst du nicht wohl unterm Sonnenschein.

## LIEBESKLAGE

Joh. Ott, 1534.

1. „Ach Els-lein, lie-bes El-se-lein, wie gern wär ich bei dir! So sind zwei tie-fe Was - - ser wohl zwi-schen dir und mir."

# LIEBESKLAGE

2. „Das bringt mir große Schmerzen, herzallerliebster Gsell, und ich von ganzem Herzen gebs für groß Ungefäll."

3. „Hoff, Zeit werd es wohl enden, hoff, Glück werd kommen drein, sich in alls Guts verwenden, herzliebstes Elselein."

Herzog Ulrichs Jagdlied, 1510.

1. Ich schell mein Horn in Jammerton, mein Freud ist mir verschwunden,
und hab gejagt ohn Abelon, es lauft noch vor den Hunden,
ein edles Gwild in dem Gefild, als ich hab auserkoren,
es scheucht ab mir, als ich es spür, mein Jagen ist verloren.

2. Fahr hin, Gewild, in Waldes Luft! Ich will dir nit mehr schrecken mit Jagen dein schneeweiße Brust, ein andrer muß dich wecken und jagen frei mit Hunden Krei, da du nit magst entrinnen. Halt dich in Hut, mein Tierlein gut, mit Leid scheid ich von hinnen.

3. Kein edlers Tier ich jagen kann, das muß ich oft entgelten, noch halt ich stets auf Jagens Bahn, wiewohl mir Glück kommt selten. Ein Hochgwild schon will mir entgohn, so laß ich mich begnügen an Hasenfleisch, nit mehr ich heisch, das kann mich nit betrügen.

## LIEBESKLAGE

Nach Forster, 1549.

1. Ich armes Meidlein klag mich sehr, wie soll mir nur geschehen,
   daß ich den Allerliebsten mein so lang nit hab gesehen!
   Der mir die Zeit und Weil vertreibt, sonst keinr auf dieser Erden;
   wann ich gedenk, wie es ihm geht, mein Herz in großem Trauren steht.
   Wie kann ich fröhlich werden?

2. Ach reicher Gott, gib mir das Glück, wo er reit in dem Lande, bewahr ihm seinen graden Leib vor Leid und auch vor Schande! Das will ich immer danken dir, allzeit und alle Stunde. Wann ich gedenk, wie es ihm geht, mein Herz in großen Trauren steht, kein Lieber soll mir werden.

# LIEBESKLAGE

Aus Heidelberg.

1. Ich hört ein Si-che-lein rauſchen, wohl rau-ſchen durch das Korn, ich hört ein fei-ne Magd kla-gen, ſie hätt ihr Lieb ver-lorn.

2. „Laß rauſchen, Lieb, laß rauſchen, ich acht nit, wie es geh; ich hab mir ein Buhlen erworben in Veiel und grünem Klee."
3. „Haſt du einen Buhlen erworben in Veiel und grünem Klee, ſo ſteh ich hier alleine, tut meinem Herzen weh."

Wunderhorn. Melodie von Reichardt, 1777.

1. Wär ich ein wil-der Fal-ke, ich wollt mich ſchwingen

auf und wollt mich nie-der-laſ-ſen vor ei-nes Gra-fen Haus.

2. Und wollt mit ſtarkem Flügel da ſchlagen an Liebchens Tür, daß ſpringen ſollt der Riegel, mein Liebchen trät herfür.
3. „Hörſt du die Schlüſſel klingen? Dein Mutter iſt nicht weit; ſo zieh mit mir von hinnen wohl über die Heide breit!"
4. Und wollt in ihrem Nacken die goldnen Flechten ſchön mit wildem Schnabel packen, ſie tragen zu dieſer Höhn.
5. Ja wohl, zu dieſer Höhen, hier wär ein ſchönes Neſt; wie iſt mir doch geſchehen, daß ich geſetzet feſt!
6. Ja, trüg ich ſie im Fluge, mich ſchöff der Graf nicht tot, ſein Töchterlein, zum Fluche, das fiele ſich ja tot.
7. So aber ſind die Schwingen mir alleſamt gelähmt, wie hell ich ihr auch ſinge, mein Lieb ſich meiner ſchämt.

## LIEBESKLAGE

Hoffmann-Richter, schlesische Volkslieder.

1. Ach Blüm-lein blau, ver-dor-re nicht! Du stehst auf grü-ner Hei-den. Du bist ein-mal mein Schatz ge-west, Schatz ge-west, Schatz ge-west, jetzt a-ber muß ich dich mei-den.

2. Den Ring, und den hab ich von dir, den trag ich an dem Finger. Du bist einmal mein Schatz gewest, jetzunder aber nimmer.

3. Den Gürtel, den hab ich von dir, den trag ich um die Lenden. Du bist einmal mein Schatz gewest, nun aber hats ein Ende.

Ende des 18. Jahrhunderts. Mel. 1840. Zuccalmaglio.

1. Mein Schatz, der ist auf die Wan-derschaft hin, ich weiß a-ber nicht, was ich so trau-rig bin; viel-leicht ist er tot und liegt in gu-ter Ruh; drum

# LIEBESKLAGE

bring ich mei - ne Zeit so trau - rig zu.

2. Als ich mit meim Schatz in die Kirch wollte gehn, viel falsche, falsche Zungen unter der Türe stehn. Die eine redt dies, die andre redt das, das macht mir gar oft die Äuglein naß.

3. Die Disteln und die Dornen, die stechen also sehr, die falschen, falschen Zungen aber noch viel mehr. Kein Feuer auf Erden auch brennet also heiß als heimliche Liebe, die niemand nicht weiß.

4. Ach herzlieber Schatz, ich bitte dich noch eins, du wollest auch bei meiner Begräbnis sein, bei meiner Begräbnis bis ins kühle Grab, dieweil ich dich so treulich geliebet hab.

5. Ach Gott, was hat mein Vater und Mutter getan, sie haben mich gezwungen zu einem ehrlichen Mann, zu einem ehrlichen Mann, den ich nicht geliebt, das macht mir ja mein Herz so betrübt.

Nach dem Wunderhorn.
Melodie von Weber.

1. Mein Schatz, der ist auf die Wan - derschaft hin, ich weiß a - ber nicht, was ich so trau - rig bin; viel - leicht ist er tot und liegt in gu - ter Ruh; drum bring ich mei - ne Zeit so trau - rig zu.

## LIEBESKLAGE

Nach dem Wunderhorn.

1. „Wie kommts, daß du so trau-rig bist und gar nicht

ein-mal lachst? Ich seh dirs an den Au-gen an, daß

du ge-wei-net hast, daß du ge-wei-net hast."

2. „Und wenn ich auch so traurig bin, was geht es dich denn an? Hat mir mein Schatz ein Leid getan, das ich nicht tragen kann.

3. Und wer nen steinigen Acker hat und einen zerbrochnen Pflug und wem sein Schätzel untreu wird, der hat wohl Leid genug.

4. Hab all mein Tag kein gut getan, kommt mir auch nicht in den Sinn; die ganze Freundschaft weiß es ja, daß ich ein Unkraut bin."

Aus Schwaben.

1. Was hab ich denn mei-nem Feinslieb-chen ge-tan? Sie geht ja vor-ü-ber und schaut mich nicht an. Sie schlägt ih-re Äug-lein wohl un-ter sich und

# LIEBESKLAGE

hat ei-nen an-de-ren viel lie-ber noch als mich.

2. Das machet ihr ſtolzer, hochmütiger Sinn, daß ich ihr nicht ſchön und nicht reich genug bin; und bin ich auch nicht reich, ſo bin ich doch ſo jung; herzallerliebſtes Schätzele, was kümmer ich mich drum!

3. Die tiefen, tiefen Waſſer, die haben keinen Grund; laß ab von der Liebe, ſie iſt dir nicht geſund! Die hohen, hohen Berge, das tiefe, tiefe Tal, jetzt ſeh ich mein Schätzele zum allerletztenmal.

Aus Oberheſſen.

1. Wo gehſt du hin, du Stol-ze? Was hab ich dir ge-tan,
   daß du an mir vor-ü-ber gehſt und ſchauſt mich gar nicht an?

Du ſchlägſt ja dei-ne Au-gen vor mei-nen zu der Erd, als wenn ich dei-nes-glei-chen nie-mals ge-we-ſen wär.

2. Wärſt du nicht hergekommen, hätt nicht nach dir geſchickt, hätt anders mich beſonnen, viel beſſer wärs für mich. Denn reich und ſchön, das biſt du nicht, das weißt du ſelber wohl, und deinesgleichen wie du biſt, bekommt man überall.

3. Der Abſchied iſt geſchrieben, das Körblein iſt gemacht; wärſt du mir treu geblieben, hätt ich nicht falſch gedacht. So nimm das Körblein in die Hand und leg den Abſchied drein; hinfüro ſei fein geſcheiter, laß falſche Liebe ſein!

# LIEBESKLAGE

1. { Ster-ben ist ein schwe-re Buß, } Und ein Rös-lein
   { weiß wohl, daß ich ster-ben muß. }

ro-sen-rot pflanzt mein Schatz nach mei-nem Tod.

2. Auf den Kirchhof wollt ich gehn, tät das Grab schon offen stehn, und das Grab war schon gebaut, hab es traurig angeschaut.

3. War wohl sieben Klafter tief, drinnen lag ich schon und schlief. Als die Glock hat ausgebraust, gingen unsre Freund nach Haus.

4. Sterben ist ein harte Pein, wenns zwei Herzallerliebste sein, die des Todes Sichel schneidt, ach, das ist das größte Leid.

5. Denn was hilft ein Blümelein, wenn es heißt ins Grab hinein! Ach, was hilft ein Röslein rot, wenn es blüht nach Liebes Tod!

# LIEBESKLAGE

Zuccalmaglio. Vom Niederrhein.

1. "Schwesterlein, Schwesterlein, wann gehn wir nach Haus?" "Früh, wenn die Hähne krähn, wolln wir nach Hause gehn, Brüderlein, Brüderlein, dann gehn wir nach Haus."

2. "Schwesterlein, Schwesterlein, wann gehn wir nach Haus?" "Früh, wenn der Tag anbricht, eh endt die Freude nicht, Brüderlein, Brüderlein, der fröhliche Braus."

3. "Schwesterlein, Schwesterlein, wohl ist es Zeit!" "Mein Liebster tanzt mit mir, geh ich, tanzt er mit ihr, Brüderlein, Brüderlein, laß du mich heut!"

4. "Schwesterlein, Schwesterlein, du bist ja so blaß?" "Das ist der Morgenschein auf meinen Wängelein, Brüderlein, Brüderlein, die vom Taue naß."

5. "Schwesterlein, Schwesterlein, du wankest so matt?" "Suche die Kammertür, suche mein Bettlein mir, Brüderlein, es wird fein unterm Rasen sein."

1. Ich hab die Nacht geträumet wohl einen schweren Traum: es wuchs in meinem Garten ein Rosmarienbaum.

# LIEBESKLAGE

2. Ein Kirchhof war der Garten, das Blumenbeet ein Grab, und von dem grünen Baume fiel Kron und Blüten ab.
3. Die Blüten tät ich sammeln in einen goldnen Krug, der fiel mir aus den Händen, daß er in Stücken schlug.
4. Draus sah ich Perlen rinnen und Tröpflein rosenrot. Was mag der Traum bedeuten? — Herzliebster, bist du tot?

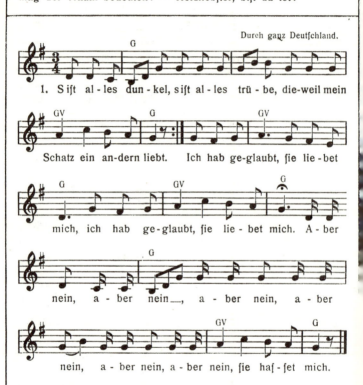

2. Was nützet mir ein schöner Garten, wenn andre drin spazieren gehn und pflücken mir die Röslein ab, woran ich meine, woran ich meine, woran ich meine Freude hab.
3. Was nützet mir ein schönes Mädchen, wenn andre mit spazieren gehn und küssen ihr die Schönheit ab, woran ich meine, woran ich meine, woran ich meine Freude hab.
4. Bald kommen nun die schwarzen Brüder und tragen mich zum Tor hinaus und legen mich ins kühle Grab, worin ich ewig, worin ich ewig, worin ich ewig Ruhe hab.

# LIEBESKLAGE

Schwäbisch.

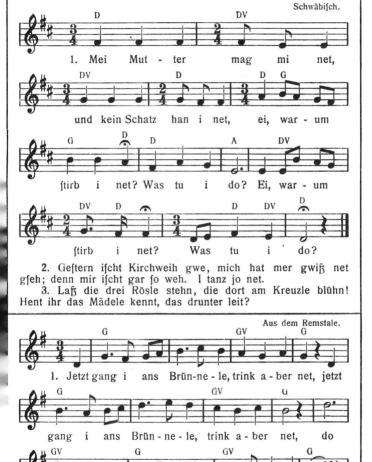

1. Mei Mutter mag mi net, und kein Schatz han i net, ei, warum ſtirb i net? Was tu i do? Ei, warum ſtirb i net? Was tu i do?

2. Geſtern iſcht Kirchweih gwe, mich hat mer gwiß net gſeh; denn mir iſcht gar ſo weh. I tanz jo net.

3. Laß die drei Rösle stehn, die dort am Kreuzle blühn! Hent ihr das Mädele kennt, das drunter leit?

Aus dem Remstale.

1. Jetzt gang i ans Brünnele, trink aber net, jetzt gang i ans Brünnele, trink aber net, do ſuch i mein herz-tau-ſi-ge Schatz, finden aber net, do ſuch i mein herz-tau-ſi-ge Schatz, finden aber net.

2. Do laß i meine Äugele um und um gehn, do ſieh-n-i mein herztauſige Schatz bei-n-em andre ſtehn.
3. Und bei-n-em andre ſtehe ſehn, ach das tut weh! Jetz bhüt di Gott, herztauſige Schatz, di ſieh-n-i nimme meh!
4. Jetz kauf i mir Tinte-n-und Feder und Papier und ſchreibe meim herztauſige Schatz einen Abſchiedsbrief.
5. Jetz leg i mi nieder aufs Heu und aufs Stroh, do falle drei Röſele mir in den Schoß.
6. Und dieſe drei Röſele ſind roſerot: jetzt weiß i net, lebt mei Schatz oder iſt er tot.

1. Durchs Wie-ſe-tal gang i jetz na, brech lau-ter Ba-ten-ke dor-na. Ba-ten-ke muß i bre-che, ſchöns Sträuß-le drauß ma-che, aus lau-ter Ba-ten-ke-n-und Klee, i han ja koi Schät-ze-le meh.

2. Und wenn i koi Schätzle meh hab, warum liegts dann net in ſeim Grab? Tät zum Grab ja mit Klage ſchöns Sträußele trage aus lauter Batenke-n-und Klee, i han ja koi Schätzele meh.
3. Ach, s lebt ja und iſcht mir net treu, und i weiß, jetz iſcht alles vorbei. Und die Roſe-n-und die Nelke müſſet traurig verwelke, verwelke Batenke-n-und Klee, i han ja koi Schätzele meh.

1. Wenn ich ein Vög-lein wär und auch zwei Flüg-lein hätt,

# LIEBESKLAGE

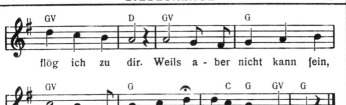

flög ich zu dir. Weils a - ber nicht kann fein, weils a - ber nicht kann fein, bleib ich all - hier.

2. Bin ich gleich weit von dir, bin doch im Schlaf bei dir und red mit dir. |: Wenn ich erwachen tu, :| bin ich allein.

3. Es vergeht keine Stund in der Nacht, daß mein Herz nicht erwacht und an dich gedenkt, |: daß du mir vieltaufendmal :| dein Herz geschenkt,

Nach dem Wunderhorn. Melodie nach Reichardt.

1. Es steht ein Baum im O - den-wald, der hat viel grü - ne Äst, da bin ich schon viel tau - send-mal bei mei - nem Schatz ge - west.

2. Da sitzt ein schöner Vogel drauf, der pfeift gar wunderschön; ich und mein Schätzlein horchen auf, wenn wir mitnander gehn.

3. Der Vogel sitzt in seiner Ruh wohl auf dem höchsten Zweig; und schauen wir dem Vogel zu, so pfeift er allsogleich.

4. Der Vogel sitzt in seinem Nest wohl auf dem grünen Baum; ach Schätzel, bin ich bei dir gwest, oder ist es nur ein Traum?

5. Und als ich wieder kam zu ihr, verdorret war der Baum, ein andrer Liebster stand bei ihr; jawohl, es war ein Traum.

6. Der Baum, der steht im Odenwald, und ich bin in der Schweiz; da liegt der Schnee so kalt, so kalt, das Herz es mir zerreißt.

## 58 LIEBESKLAGE

*Von der Lahn.*

1. Da drun-ten in dem tie-fen Ta-le, da steht ei-ne Müh-le zum Mah-len. Das Mühl-rad war klei-ne, die Müh-le blieb stehn. Ach Gott, was ist in der Müh-le ge-schehn?

2. Der Müller beschaute die Mühle, da ging doch alles so stille: „Ach Gott, wo wird unser Töchterlein sein, sollte sie nicht ertrunken sein?"

3. Und die Müllerin steht in der Kammer, und sie schlug ihre Hände zusammen: „Ach Gott, wo wird unser Töchterlein sein, sollte sie nicht ertrunken sein?"

4. Die Wasser kamen gegangen, am Mühlrad hat sie gehangen. Und die Eltern, die trugen den Schmerz allein für ihr einziges Töchterlein.

5. „Ihr lieben Eltern laßt euch sagen, laßt mich von sechs Burschen tragen. Bekränzt mich mit Rosen und Rosmarin, weil ich Braut und Jungfrau bin."

6. Die Hochzeit und alles ist geschehen, und den Bräutigam, den haben wir gesehen, und das Brautkleid und alles ist bereit bei dem Herrn in Ewigkeit.

*Oberbayrisch.*

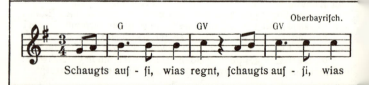

Schaugts auf-si, wias regnt, schaugts auf-si, wias

# LIEBESKLAGE

2. Und das Dianderl håt gfågt: "Wårum follt i nöt woan, und mei Bua, der is gſtorbn, und iaz bin i alloan." Schaugts aufſi, wias regnt uff.

3. "Ei du wunderliabs Dianderl, hör auf mit deim Woan, und du derfſt um a Büaberl, dös geſtorbn is, nöt woan." Schaugts aufſi uff.

4. "Und i bin a årms Dianderl, kumm nimma auf d Heh, håb koan Våtan, koa Muatta, koa Büaberl nit meh." Schaugts aufſi uff.

5. "Ei du wunderliabs Dianderl, hör auf mit deim Woan, ſchau, i wüßt dir a Büaberl, geh, bleib nöt alloan." Schaugts aufſi uff.

## BALLADEN

Nach Herder, Mel. 1539.

1. Es reit der Herr von Falkenstein wohl über ein breite Heide. Was sieht er an dem Wege stehn? Ein Maidel mit weißem Kleide.

2. „Wohin, wo hinaus du schöne Magd? Was machst du hier alleine? Willst du die Nacht mein Schlafbuhle sein, so reit du mit mir heime."

3. „Mit euch heimreiten, das tu ich nicht, kann euch doch nicht erkennen." „Ich bin der Herr von Falkenstein und tu mich selber nennen."

4. „Seid ihr der Herr von Falkenstein, derselbe edle Herre, so will ich euch bitten um den Gefangnen mein, den will ich haben zur Ehe."

5. „Den Gefangnen mein, den geb ich dir nicht, im Turn muß er verfaulen, zu Falkenstein steht ein tiefer Turn wohl zwischen zwei tiefen Mauern."

6. „Steht zu Falkenstein ein tiefer Turn wohl zwischen zwei tiefen Mauern, so will ich an die Mauern stehn und will ihm helfen trauern."

7. Sie ging den Turn wohl um wieder um: „Feinslieb, bist du darinnen? Und wenn ich dich nicht haben kann, so komm ich von meinen Sinnen.

8. Ei, dürft ich scharfe Messer tragen wie unsers Herrn sein Knechte, ich tät mitm Herrn von Falkenstein um meinen Herzliebsten fechten!"

9. „Mit einer Jungfrau fecht ich nicht, das wär mir immer ein Schande! Ich will dir deinen Gefangenen geben, zieh mit ihm aus dem Lande!"

## BALLADEN

Nach dem feinen Almanach.

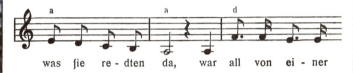

1. Es reit der Herr und auch sein Knecht wohl über die Heide, die war schlecht, ja schlecht, und alles, was sie redten da, war all von einer wunderschönen Frauen, ja Frauen.

2. „Ach Schildknecht, lieber Schildknecht mein, was redst von meiner Frauen, ja Frauen, und fürchtest nicht meinen braunen Schild? Zu Stücken will ich dich hauen vor meinen Augen."

3. „Euren braunen Schild, den fürcht ich klein, der lieb Gott wird mich wohl behüten, ja behüten." Da schlug der Knecht seinen Herrn zu Tod, das geschah um Fräuleins Güte, ja Güte.

4. Nun will ich reiten landwärts ein zu einer wunderschönen Frauen, ja Frauen: „Ach Fräulein, gebt mirs Botenbrot! Euer Herre der liegt tot auf breiter Heide, ja Heide."

5. „Und ist mein edler Herre tot, darum will ich nicht weinen, nicht weinen; der schönste Buhle, den ich hab, der sitzt bei mir daheime mutteralleine."

6. „Nun sattel mir mein graues Roß, ich muß von hinnen reiten, ja reiten." Und da sie auf die Heide kam, die Lilien täten sich neigen auf breiter Heide.

7. Auf band sie ihm sein blanken Helm und sah ihm unter seine Augen, ja Augen. „Nun muß es Gott geklaget sein, wie bist du so zerhauen unter deinen Augen.

8. Nun will ich in ein Kloster gehn, willn lieben Gott für dich bitten, ja bitten, daß er dich wöll ins Himmelreich lan. All das geschah um meinetwillen!" Schweig stille!

## BALLADEN

Aus Österreich-Schlesien.

1. Es ritt ein Herr mit seinem Roß wohl über einen wüsten Kirchhof, er ritt wohl über dasselbe Grab, wo sein Vorwirt begraben lag.

2. „Wer reit mein Roß, wer besitzt mein Schloß, wer zieht mir meine Kinder groß?" „Ich reit dein Roß, ich besitz dein Schloß, ich zieh dir deine Kinder groß."

3. „Du schlägst sie scharf mit Ruten, daß sie oft möchten bluten; und wenn du wirst kommn nach Haus, so sage das bald deiner Frau:

4. Am Freitag soll sie niemals singen, am Samstag soll sie nie spät spinnen, am Sonntag soll sie früh aufstehn und fleißig in die Kirche gehn.

5. Sie soll mir auch herbringen ein weißes, trocknes Hemde; das erste, das ist gar zu naß. Was weinet sie? Was tut sie das?"

6. Und wie der Herr nach Hause kam, die Frau ihm schon entgegen kam: „Ach Herr, du liebster Herre mein, warum kömmst heut so traurig heim?"

7. „Warum soll ich nicht traurig sein? Die Toten aus den Gräbern schrein: am Freitag sollst du niemals singen, am Samstag sollst du nicht spät spinnen,

8. Am Sonntag sollst du früh aufstehn und fleißig in die Kirche gehn; deinm Vorwirt sollst du bringen ein weißes, trocknes Hemde.

9. Das erste, das ist gar zu naß; was weinest du? Was tust du das?" Und wie es war am Sonntag fruh, so eilte sie der Kirche zu.

10. Und wie sie auf den Friedhof kam, mit ihrem Finger klopft sie an: „Tu dich auf, tu dich auf, du Erdenkloß, nimm mich zu dir in deinen Schoß!"

**11.** „Was wirst du denn da unten tun? Da geben nicht die Würmer Ruh." „Da unten ist die himmlische Ruh, die Gräber decken alles zu."

**12.** „Da unten hörst nicht Glockenklang, da unten hörst nicht Vogelsang, da schreit ja stets die himmlische Taub: ihr Gräber, schließt euch alle auf!

**13.** Da unten schreit das Höllenhuhn: ihr Gräber schließt euch alle zu, ihr Gräber schließt euch feste!" — Die erste Ehe die beste.

Nach Scherrers Jungbrunnen.
Weise aus Oberhessen.

1. Es ritt ein Reiter wohl durch das Ried, er schwenkt sich um und sang ein Lied, ein Lied von drei-er-lei Stim-men, das drü-ben im Wald tät klin-gen.

2. „Schöne Jungfrau, wollt ihr mit mir gahn, ich will euch lehren, was ich kann: ein Lied von dreierlei Stimmen, das drüben im Wald tut klingen."

3. Er nahm sie bei dem Gürtelschloß und schwang sie hinter sich auf sein Roß, er ritt gar eilend und balde zu einem stockfinsteren Walde.

4. Er spreit seinen Mantel ins grüne Gras und bat sie, daß sie zu ihm saß: „Schöne Jungfrau, du mußt mir lausen, mein gelbkraus Härlein verzausen."

5. So manches Löcklein als sie zertat, so manche Träne fiel ihr herab. Er schaute ihr unter die Augen: „Feinsliebchen, was bist du so traurig?

6. Weinſt du um deines Vaters Gut oder weinſt du um deinen ſtolzen Mut, oder weinſt du um deinen Jungfernkranz? Der iſt zerbrochen und wird nicht ganz."

7. „Ich wein nicht um meines Vaters Gut, ich wein nicht um meinen ſtolzen Mut, ich weine ob jener Tannen, daran eilf Jungfräulein hangen."

8. „Weinſt du ob jener Tannen, daran eilf Jungfräulein hangen, ſo ſollſt du bald die zwölfte ſein, ſollſt hangen am höchſten Dölderlein."

9. „Ach Herre, liebſter Herre mein, erlaubt mir nur drei einzige Schrei, dann will ich ja gern die zwölfte ſein, will hangen am höchſten Dölderlein."

10. Den erſten Schrei, und den ſie tut, den ſchreit ſie ihrem Vater zu: „Ach liebſter Vater, komme balde, ſonſt muß ich hier ſterben im Walde!"

11. Den zweiten Schrei, und den ſie tut, den ſchreit ſie ihrer Mutter zu: „Ach Mutter, komm behende, ſonſt nimmt mein Leben ein Ende!"

12. Den dritten Schrei, und den ſie tut, den ſchreit ſie ihrem Bruder zu: „Ach liebſter Bruder, komme balde, ſonſt muß ich hier ſterben im Walde!"

13. Ihr Bruder war ein Jägersmann, der alle Tierlein ſchießen kann, er hört ſeine Schweſter ſchreien, er wollte ſie befreien.

14. Der Jäger hat ein zweiſchneidig Schwert, er ſtach es dem Reiter durch das Herz, er tät ein Wiedelein klenken und tät den Reiter aufhenken.

15. Er nahm ſein Schweſterlein bei der Hand, er führte ſie in ihr Vaterland: „Daheim ſollſt du hauſen und bauen, einem Ritter ſollſt du nimmer trauen."

1. Es wollt ein-mal ein ed-ler Herr aus-rei-ten,

ein ſcharfes Schwert droht ihm an ſei-ner Sei-ten.

2. Der Herr, der ritt auf einem ſchmalen Steige, da ſaß die Otter auf einem grünen Zweige.

3. Die Otter glänzt mit hellen, bittern Schmerzen, ſie ſtach den edlen Herrn in ſein jung Herze.

4. Der Herr, der schnitt die Hündlein von dem Bande: ‚Lauft, lauft ihr Hündlein, lauft nun wieder zu Lande!

5. Sagt eurer Frau und meinem Hofgesinde: auf grüner Heid werdt ihr mich liegen finden.'

6. „Willkommn, willkommn, ihr Hündlein von der Straßen, wo habt ihr euren edlen Herrn gelassen?"

7. „Der Herr, der liegt auf grüner Heid und faulet, sein Sattelroß liegt neben ihm und trauret."

8. Die Frau, die zog ihr Ringelein vom Finger: „Ein Witwe bin ich, Waisen sind meine Kinder."

1. „Es ist der Mor-gen-ster-ne, er leucht mit hel-lem

Schein. Es weckt uns mit Ge-san-ge der Al-ler-

lieb-ste mein, der Al-ler-lieb-ste mein."

2. „Alde, ich muß mich scheiden von der Allerliebsten mein. Mein Rößlein will nit bleiben. Alde, ich reit von dir, alde, ich reit von dir."

3. „Dein Roß bind an ein Linden, da mag es stehen bei. Leg dich an meine Arme, und ruh eine kleine Weil!"

4. „Nein, ihr zart schöne Fraue, ich mag nit haben Ruh. Wie bin ich so zerhauen; rat Frau, wie ich ihm tu!"

5. „Nun muß es Gott erbarmen, daß ich dein Schild nit bin, so wären deine Wunden so weit nit und so viel."

6. Was zog er von seinem Finger? Ein golden Ringelein. „Das trag, du schöne Fraue, wohl um den Willen mein!"

7. „Was soll ich mit dem Golde, so ichs nit tragen soll vor Rittern und vor Knechten? Mein Herz ist Trauerns voll."

## BALLADEN

Hessisches Hinterland. Mel. aus dem Wiener Gesangbuch 1775.

1. Es war ein Markgraf überm Rhein, der hatt drei schöne Töchterlein,
zwei Töchter früh heiraten weg, die dritt hat ihn ins Grab gelegt.
Dann ging sie singn vor Schwestern Tür: „Ach, braucht ihr keine Dienstmagd hier?"

2. „Ei Mädchen, du bist viel zu fein, du gehst gern mit den Herrelein." „Ach nein, ach nein, das tu ich nicht, meine Ehre mir viel lieber ist." Sie dingt das Mägdlein ein halbes Jahr, das Mägdlein dient ihr sieben Jahr.

3. Und als die sieben Jahr um warn, das Mägdlein fing zu kränkeln an. „Ach Mägdlein, wenn du krank willst sein, so sag, wer sind die Eltern dein?" „Mein Vater war Markgraf überm Rhein, ich bin sein jüngstes Töchterlein.

4. „Ach nein, ach nein, das glaub ich nicht, daß du mein jüngste Schwester bist." „Und so du es nicht glauben willst, so geh an meine Kiste hin, darinnen liegt ein feines Band, dir ist es von der Mutter bekannt.

5. Und in der Ecke liegt ein Ring, da steht meins Vaters Name drin." Und als sie es gesehen hat, da rannen ihr die Tränlein ab. „Ach, hättest du mirs längst gesagt, daß du mein liebe Schwester warst.

6. Ach, bringt mir Weck, ach bringt mir Wein, es ist mein jüngstes Schwesterlein!" „Ich will kein Wein, kein Wecken mehr, sechs Brettlein nur sind mein Begehr."

## BALLADEN

1. Es fuhr sich ein Pfalzgraf wohl über den Rhein, viel Roß und Jäger wohl um ihn sein.

2. Als sie nun durch den Talweg ziehn, da steht eine stille Mühle vor ihn.
3. Des Müllers schönes Töchterlein, sie schaute aus ihrem Fensterlein.
4. „O Müller, gib deine Tochter heraus, sonst steck ich den roten Hahn aufs Haus!"
5. Zuerst schlug er den Vater tot, zum andern die Frau Mutter rot,
6. Zum dritten alle Brüder drei; daß Gott der Herr ihnen gnädig sei.
7. Der Pfalzgraf steckte ein das Schwert, die Tochter nahm er mit aufs Pferd.
8. Und da sie kamen auf grüne Heid, da glänzten sieben Schlösser weit.
9. „Schaust du die sieben Schlösser mein, drauf sollst du morgen Markgräfin sein."
10. Bei Spiel und Tanz und Jubelschall führt man die Braut wohl in den Saal.
11. „Nun iß und trink den kühlen Wein und laß dein Herze fröhlich sein."
12. „Ich esse nicht, trinke nicht den Wein, mein Herz kann nimmer fröhlich sein.
13. Zuerst schlugst du den Vater tot, zum andern die Frau Mutter rot,
14. Zum dritten alle Brüder drei; daß Gott der Herr ihnen gnädig sei."
15. Der Tag verging, es kam die Nacht, die Braut ward in die Kammer bracht.
16. Bei zweiundsiebzig Kerzen Schein führt man die junge Braut hinein.
17. Wohl um die Nacht, die halbe Nacht, der Pfalzgraf heimlich vom Schlaf erwacht.
18. Da wollt er küssen den roten Mund, doch sie war tot und nicht mehr gesund.

1. Es ist ein Schnee gefallen, wann es ist noch nit Zeit, ich wollt zu meinem Buhlen gan, der Weg ist mir verschneit. Ich wollt zu meinem Buhlen gan, der Weg ist mir verschneit.

2. Es gingen drei Gesellen spazieren um das Haus, das Maidlein war behende, es lugt zum Laden aus.

3. Der eine, der war ein Reiter, der ander ein Edelmann, der dritte ein stolzer Schreiber, denselben wollt es han.

4. Er tut dem Maidlein kromen von Seiden ein Haarschnur; er gabs demselben Maidlein: "Bind du dein Haar mit zu!"

5. "Ich will mein Haar nit binden, ich will es hangen lan; ich will wol diesen Sommer lang fröhlich zum Tanze gahn."

1. Es liegt ein Schloß im Österreich, das ist gar wohl erbauet von Silber und von rotem Gold, mit Marmelstein gemauert.

## BALLADEN

2. Darinnen liegt ein junger Knab auf feinen Hals gefangen wohl vierzig Klafter tief unter der Erd bei Nattern und bei Schlangen.

3. Sein Vater kam von Rofenberg wohl vor den Turm gegangen: „Ach Sohne, liebfter Sohne mein, wie hart liegft du gefangen!"

4. Sein Vater zu dem Herren ging: „Gebt los mir den Gefangnen! Dreihundert Gulden will ich euch wohl für den Knaben geben."

5. „Dreihundert Gulden, die helfen da nicht, der Knabe, der muß fterben. Er trägt von Gold eine Kette am Hals, die bringt ihn um fein Leben."

6. „Trägt er von Gold eine Kette am Hals, die hat er nicht geftohlen, hat ihm eine zarte Jungfrau verehrt, fich mit ihm zu verloben."

7. Man bracht den Knaben wohl aus dem Turm, gab ihm das Sakramente: „Hilf, reicher Chrift vom Himmel hoch! Es geht mir an mein Ende."

8. Sein Vater beim Gerichte ftund, fein Herz wollt ihm zerbrechen: „Ach Sohne, liebfter Sohne mein, dein Tod will ich fchon rächen!"

9. Wer ift, der uns dies Liedlein fang? So frei ift es gefungen. Das haben getan drei Jungfräulein zu Wien im Öfterreiche.

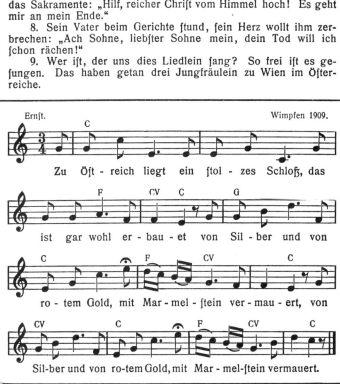

## BALLADEN

Nach einem alten Manuskript im Besitze der Freiin v. Laßberg. Sommerfahrt 1907.

1. Wer gro-ße Wun-der schau-en will, der gang in grü-nen Wald uf-fi. Tann-hu-ser war ein Rit-ter gut, groß Wun-der wollt er schau-en.

2. Wann er in grünen Wald uß käm zu den schönen Jungfrauen, sie fingen an einen langen Tanz, ein Jahr war ihnen ein Stunde.

3. „Tannhuser, lieber Tannhuser mein, wollt ihr bei uns verbleiben, ich will euch die jüngste Tochter gebn zu einem ehlichen Weibe."

4. „Eure jüngste Tochter will ich nit, die treit den Teufel in ire; ich sehs an ihr braunen Augen an, wie er in ihr tut brennen."

5. Frau Frene hat einen Feigenbaum, darunter leit er sich schlafen, es kam ihm für in seinem Traum, von Sünden sollt er lassen.

6. Tannhuser stand wohl uf zur Stund, er wollt gen Rome bichten, wann er gen Rom wohl inne käm, war er mit blutten Füßen.

7. Wann er gen Rom wohl inne käm, war er mit blutten Füßen. Da fiel er nieder auf seine Knie, seine Sünden wollt er abbüßen.

8. Der Papst treit einen Stecken in seiner Hand, vor Dürre tut er spalten. „So weng werden dir dein Sünden nachgelan, so weng, daß dieser Stab grünet!"

9. Er kneuet für das Kreuzaltar mit ausgespannten Armen: „Ich bitte dich, Herr Jesu Christ, du wollest meiner erbarmen."

10. Tannhuser ging zur Kirchen uß mit seinem verzagten Herzen: „Gott ist mir allzeit gnadig gsi, jetzt muß ich von ihm lassen."

11. Wann er fürs Tor hin usse käm, begegnete ihm üs liebe Fraue. „Behüt dich Gott, du reine Magd, dich darf ich nimmer anschaue!"

## BALLADEN

12. Es goht nit meh als dritthalb Tag, der Stab fing an zu grünen. Der Papſt ſchickt us in alle Land, er ließ Tannhuſer ſuchen.

13. Tannhuſer iſt jetzt nimmer hier, Tannhuſer iſt verfahren; Tannhuſer iſt in Frenens Berg, wollt Gottes Gnad erwarten.

14. Drum ſoll kein Papſt, kein Kardinal keinen Sünder nit verdammen. Der Sünder mag ſein, ſo groß er will, kann Gottes Gnad erlangen.

Gegend von Joachimstal, 1813.

1. Es freit ein wilder Waſ-ſer-mann in der Burg wohl ü-ber dem See, des Kö-nigs Tochter mußt er han, die ſchö-ne, jun-ge Li-lo-fee.

2. Sie hörte drunten die Glocken gehn im tiefen, tiefen See, wollt Vater und Mutter wiederſehn, die ſchöne, junge Lilofee.

3. Und als ſie vor dem Tore ſtand auf der Burg wohl über dem See, da neigt ſich Laub und grünes Gras vor der ſchönen, jungen Lilofee.

4. Und als ſie aus der Kirche kam von der Burg wohl über dem See, da ſtand der wilde Waſſermann vor der ſchönen, jungen Lilofee.

5. „Sprich, willſt du hinunter gehn mit mir von der Burg wohl über dem See, deine Kindlein unten weinen nach dir, du ſchöne, junge Lilofee."

6. „Und eh ich die Kindlein weinen laß im tiefen, tiefen See, ſcheid ich von Laub und grünem Gras, ich arme, junge Lilofee."

1. „O Schipmann, o Schipmann, o Schip-mann du, vor

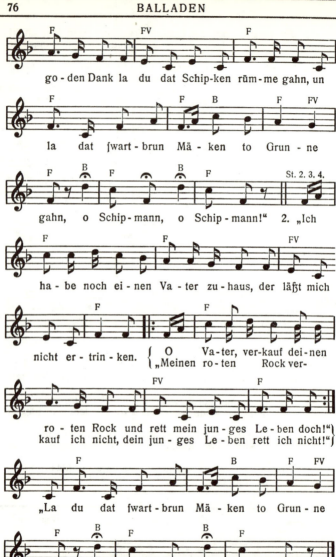

3. „Ich habe noch einen Bruder zuhaus, der läßt mich nicht ertrinken. O Bruder, verkauf dein blankes Schwert und rett mein junges Leben doch!" — „Mein blankes Schwert verkauf ich nicht, dein junges Leben rett ich nicht!" — „La du dat ſwartbrun Mäken to Grunne gahn, o Schipmann, o Schipmann!"

4. „Ich habe noch einen Liebſten zuhaus, der läßt mich nicht ertrinken. O Liebſter, verkauf ans Ruder dich und rett mein junges Leben doch!" — „Ans Ruder wohl verkauf ich mich, dein junges Leben rette ich!" — „La du dat ſwartbrun Mäken to Lanne gahn, o Schipmann, o Schipmann!"

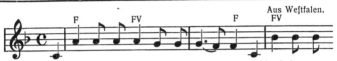

1. Et waſ-ſen twe Kü-ni-ges-kin-ner, de had-den e-

nan-ner ſo lef; de konnen tonanner nich kummen, dat

Wa-ter was vil to bred, dat Wa-ter was vil to bred.

2. „Lef Herte, kannſt du der nich ſwemmen? Lef Herte, ſo ſwemme to mi! Ick will di twe Keskes upſtecken, und de ſölld löchten to di!"

3. Dat horde ne falſke Nunne up ere Slopkammer, o weh! Se deit de Keskes utdömpen: — lef Herte blef in de See.

4. Et was up en Sundage morgen, die Lüde wören alle ſo fro, nich ſo 'des Küniges Dochter, de Augen, de ſaten er to.

5. „O Moder", ſede ſe, „Moder! Mine Augen dod mi der ſo weh; mag ick der nich gon ſpazeren an de Kant von de ruskende See?"

6. De Moder genk to de Kerken, de Dochter genk an de Seekant, ſe genk der ſo lange ſpazeren, bes ſe enen Fiſker fand.

7. „O Fiſker, leveſte Fiſker! Ji könnt verdenen grot Lon, ſettet jue Netkes to Water, fisket mi den Künigesſohn!"

8. He ſette ſin Netkes to Water, de Lotkes ſünken to Grund, he fiskde un fiskde ſo lange, de Künigsſohn wurde ſin Fund.

9. Do nam de Künigesdochter von Hoefd ere goldene Kron: „Süh do, woledele Fiſker! Dat is ju verdende Lon."

10. Se nam in ere blanke Arme den Künigesſohn, o weh! ſe ſprank mit em in de Wellen: „lev Vader, lev Moder, ade!"

2. Dat eine ſtarf den bittern Dod, dat ander ſtarf von Hunger ſo grot, dat drüdde wort gehangen, dat verde blef up de wille See dot, dat vifte flut achter dem Lande."

3. Wan ſe wol up den Kerkhof quam, ſe reip God ſinen hemmelſchen Vader an un bedet all mit Flite: dat em God wolde de Sünde vorgeven un halen en in ſin Rike.

Er fiel auf die zarten Blaublümelein, fie find verwelket, verdorret.

2. Ein Knabe hatte ein Mägdelein lieb, fie flohen beide von Haufe fort, es wußtens nicht Vater noch Mutter.

3. Sie find gewandert wohl hin und her, fie hatten nirgends Glück noch Stern, fie find verdorben, geftorben.

Die Rheinbraut. Weife aus Oberheffen.

1. Luife ging im Garten, den Bräutgam zu erwarten; da hatte Luife am Himmel gefehn, daß fie im Rhein follt untergehn.

2. Sie ging zu ihrem Vater: „Ach Vater, liebfter Vater, könnte dies, könnte das nicht möglich fein, daß ich ein Jahr noch könnt bei Euch fein?"

3. „Ach nein, das kann nicht gehen, deine Heirat muß gefchehen, du mußt hinüber wohl über den Rhein, du kannft nicht länger mehr bei uns fein."

4. Sie ging zu ihrer Mutter: „Ach Mutter, liebfte Mutter, könnte dies, könnte das nicht möglich fein, daß ich ein Jahr noch könnt bei Euch fein?"

5. „Ach nein, das kann nicht gehen, deine Heirat muß gefchehen, du mußt hinüber wohl über den Rhein, du kannft nicht länger mehr bei uns fein."

6. Sie ging in ihre Kammer und weinte vor Schmerz und Jammer, sie zog ihr schneeweiß Kleidchen an und wartete, bis der Bräutigam kam.

7. Der Bräutigam kam gefahren mit siebenundsiebzig Wagen, der erste war mit Gold beschlagen, darin sollt unser Luischen fahrn.

8. Sie fuhren wohl über die Brücke, Luischen saß in der Mitte; da kam ein großer Sturm daher und warf Luischen in das Meer.

9. Der Wagen war versunken, Luischen war ertrunken. Da hatte der Vater keine Luise mehr, die Mutter weinet gar so sehr.

Nach einem 1771 von Goethe im Elsaß aufgezeichneten Liede.

1. Stand ich auf hohem Berge, sah in den tiefen Rhein. Ein Schifflein sah ich schweben, schweben, drei Grafen saßen drein.

2. Der jüngste von den Grafen hub auf sein römisch Glas, tät mir damit zutrinken: „Feinslieb, ich biet dir das!"

3. „Was tust du mir zutrinken, was bietst du mir den Wein? Ich muß ins Kloster gehen, muß Gottes Dienrin sein."

4. Es stund wohl an die halbe Nacht, dem Grafen träumts gar schwer, als ob seine Herzallerliebste ins Kloster gangen wär.

5. „Steh auf, steh auf, mein Knappe, zäum mir und dir ein Pferd! Wir wollen reiten Berg und Tal, der Weg ist Reitens wert."

6. Und als er vor das Kloster kam, gar leise klopft er an: „Wo ist die jüngste Nonne, die letzt ist kommen an?"

7. „Es ist hier keine kommen, es kommt auch keine heraus." „So will ich hier anzünden das schöne Nonnenhaus!"

8. Sie kam herausgeschritten, schneeweiß war sie gekleidt, ihr Haar war abgeschnitten, zur Nonn war sie bereit.

9. Was hatt sie in den Händen? Von Gold ein Becherlein. Er hat kaum ausgetrunken, springt ihm sein Herz entzwei.

2. Sieh, da kam einmal ein Fähnderich geritten daher und
sah die schöne Anna, und die weinte so sehr.

3. „Ach du wunderschöne Anna, warum weinest du so sehr?"
„Ich weine, weil ich heute noch sterben muß."

4. Sieh, da zog der Fähnderich sein blitzendes Schwert und
stach die schöne Anna durch und durch.

5. Der Fähnderich, der schwenkte sich wohl auf sein Pferd
und ritt nach seiner Heimat, Heimat zu.

6. „Ach Fähnderich, ach Fähnderich, was hast du denn getan?
Wovon ist dir dein Schwertchen so rot, so rot?"

7. „Ich habe gestern Abend zwei Täubelein geschlacht, davon
ist mir mein Schwertchen so rot, so rot."

8. „Zwei Täubelein geschlachtet, und das kann es ja nicht
sein, die wunderschöne Anna wird das Täubelein wohl sein."

Schweizerisch, 1781.

1. Es hätt e Bur es Töch-ter-li, mit Na-me

heißt es Ba - be - li. Es hätt zwei Züpf-li

rot wie Gold, drum ist ihm auch der Durs-li hold.

2. Der Dursli geit dem Ätti an: „O Ätti, wotsch mer ds
Babeli la?" „O nei! O nei! O Dursli mi, mis Babeli isch no
viel zu chli!"

3. „O Mueti, liebste Mueti mi! Cha ds Babeli nit ghürat
si?" „Mis Babeli isch no viel zu chlei, es schlaft dies Jahr no
sanft allei!"

4. Der Dursli lauft in vollem Zorn wohl in die Stadt ga
Solothurn, er lauft die Gassen in un us, bis daß er chumt vors
Hauptmas Hus.

5. „O Hauptma, lieber Hauptma mi! Bruchſt du ke Chnecht i Flandre-n-i?" „O ja, o ja, o Durſli mi! I dinge di i Flandre-n-i."

6. Der Hauptma zieht de Seckel us, er git dem Durs drei Taler drus: „Nu ſä, nu ſä, o Durſli mi! Jitz biſt du dinget i Flandre-n-i."

7. Der Durſli geit jitz wieder hei, hei zu ſim liebe Babeli chlei: „O Ätti, o Mueti, o Babeli mi! Jitz ha-n-i dinget i Flandre-n-i!"

8. Das Babeli geit wohl hingers Hus, es grint ſich faſt die Äugli us. „Ach Durſli, lieber Durſli mi! So heſt du dinget i Flandre-n-i?"

9. „O Babeli, tu doch nit e-ſo! I will ds Jahr wieder umhi cho und will beim Ätti frage-n-a, öb e mir ds Babeli deh well la.

10. U chan i de nit ſelber cho, will dir es Briefli ſchriebe lo, darinne ſoll geſchriebe ſtah: mis Babeli wott i nit verla.

11. U wenn der Himmel papierge wär, u jede Stern e Schriber wär, u jeder Schriber hätt ſiebe, ſiebe Händ: ſi ſchribe doh all meiner Liebi kes End!"

Aus Schleſien, 1842.

1. Es wollt ein Mägd-lein tan-zen gehn, ſucht Ro-ſen

auf der Hei - de, ſucht Ro - ſen auf der Hei - de.

2. Was fand ſie an dem Wege ſtehn? Ein Haſel, die war grüne.

3. „Nun grüß dich Gott, Frau Haſelin, von wann biſt du ſo grüne?"

4. „Ei grüß dich Gott, feins Mägdelein, von wann biſt du ſo ſchöne?"

5. „Von wannen ich ſo ſchöne bin, das darf ich dir wohl ſagen.

6. Ich eſſ weiß Brot, trink kühlen Wein, davon bin ich ſo ſchöne.

7. „Und wenn du auch ſo ſchöne biſt, deine Ehr haſt du verſchlafen.

8. Du haſt dein rot Goldfingerlein in ſeiner Hand gelaſſen."

9. „Hüte dich, hüte dich, Frau Haſelin, das Wort ſoll dich gereuen!

10. Ich han der ſtolzen Brüder zwei, die ſollen dich abhauen."

11. „Und haun ſie mich im Winter ab, im Sommer grün ich wieder.

12. Verliert ein Mägdlein ihren Kranz, den findt ſie nimmer wieder."

1. Es wollt ein Mägdlein wohl früh auf-ſtehn,

wollt in den grü-nen Wald, wollt in den grü-nen

Wald ſpa-zie-ren gehn, ſpa-zie-ren gehn.

2. Und als ſie in den Wald nein kam, ei, da fand ſie einen verwundten Knabn.

3. Der Knab, der war von Blut ſo rot, und als ſie ihn verband, war er ſchon tot.

4. „Wo krieg ich nun ſechs Leidfräulein, die mein Feinsliebchen zu Grabe wein?

5. Wo krieg ich nun ſechs Reiterknabn, die mein Feinsliebchen zu Grabe tragn?

6. Wie lange ſoll ich denn trauern gehn?" — „Bis alle Waſſer zuſammen gehn."

7. „Ja, alle Waſſer gehn nicht zuſamm; ei, ſo wird mein Trauern kein Ende han."

1. Es ſtand ei-ne Lind im tie-fen Tal, war

2. Darunter zwei Verliebte saßen, und die vor Liebe ihr Leid vergaßen.

3. „Feinslieb wir müssen voneinander, ich muß noch sieben Jahre wandern."

4. „Mußt du noch sieben Jahre wandern, heirat ich doch keinen andern."

5. Und als die sieben Jahre umme warn, sie meint, ihr Liebchen käme bald.

6. Sie ging wohl in den Garten, ihr Feinslieb zu erwarten.

7. Sie ging wohl in das grüne Holz, da kam ein Reiter geritten stolz.

8. „Gott grüß dich, du Hübsche, du Feine, was machst du hier alleine?

9. Ist dir dein Vater oder Mutter gram, oder hast du heimlich einen Mann?"

10. „Heute sinds drei Wochen und sieben Jahr, daß mein Feinslieb gewandert war."

11. „Gestern bin ich geritten durch eine Stadt, da dein Feinslieb Hochzeit hat gehabt.

12. Was tust du ihm denn wünschen an, daß er seine Treue nicht gehalten hat?"

13. „Ich wünsche ihm so viel Glück und Segen, als Tröpflein von dem Himmel regnen."

14. Was zog er von dem Finger sein? Einen Ring von rotem Golde fein.

15. Er warf den Ring in ihren Schoß, sie weinte, daß das Ringlein floß.

16. Was zog er aus seiner Taschen? Ein Tuch schneeweiß gewaschen.

17. „Trockn ab, trockn ab dein Äugelein, du sollst fürwahr mein eigen sein.

18. Hättest du mir einen Schwur oder Fluch getan, so wär ich gleich geritten davon."

## BALLADEN

Aus Weſtfalen. Reifferſcheid.

1. „Wach auf, wach auf, mein Schatz allein! Wach auf, wach auf, es iſt ſchon Zeit! Ich hab geſchlafen die ganze Nacht, daß ich vor Schlaf nicht reden mag."

2. „Haſt du geſchlafen die ganze Nacht, daß du vor Schlaf nicht reden magſt, will ich dir geben Goldringelein, ich kann nicht allzeit bei dir ſein."

3. Der Knab zog in ein fremdes Land, da kam die Botſchaft, Herzlieb ſei krank, ſie war ſo krank bis in den Tod, lag manchen Tag und ſprach kein Wort.

4. Und als der Knab zur Tür nein trat, ſein Herzlieb in dem Bette lag: „Guten Tag, guten Tag, mein Schatz allein, mein Leben wird zu Ende ſein."

5. Der Knabe nahm ſie in ſein Arm, ſie war jetzt kalt und nicht mehr warm, ſie iſt in ſeinem Arm verſchieden und eine reine Jungfrau blieben.

6. Er ließ ſich haun ein tiefes Grab, darin ſein Herzlieb ruhen mag. Er ließ es mauren mit Marmelſtein: „Gut Nacht, gut Nacht, mein Schatz allein!"

Im 18. Jahrhundert durch ganz Bayern und Öſtreich.

1. { Es reiten drei Reiter zu
   ſie reiten wohl vor der Ber-

# BALLADEN

Mün - chen hin - aus, / nau - e - rin Haus: „Ber - nau - e - rin, bift du drin - nen, ja drin - nen?

2. Ei, willft du laffen den Herzog entwegn, oder willft du laffen dein jung frifches Lebn, ertrinken im Donauwaffer, ja Waffer?"

3. „Und als ich will laffen mein Herzog entwegn, fo will ich laffen mein jung frifches Lebn, ertrinken im Donauwaffer, ja Waffer.

4. Der Herzog ift mein, und ich bin fein, der Herzog ift mein, und ich bin fein: find wir gar treu verfprochen, ja verfprochen."

5. Es ftund kaum an den dritten Tag, dem Herzog, dem kam eine traurige Klag: Bernauerin ift ertrunken, ja ertrunken.

6. Sie legten s dem Herzog wohl auf die Schoß, der Herzog viel taufend Tränen vergoß, er tät gar herzlich weinen, ja weinen.

7. „So rufet mir her fünftaufend Mann! Einen neuen Krieg will ich nun fangen an mit meinem Herrn Vater eben, ja eben."

8. Es ftund kaum an den dritten Tag, dem Herzog, dem kam eine traurige Klag: fein Herr Vater ift geftorben, ja geftorben.

9. „Die mir helfen mein Vater begrabn, rote Manteln müffen fie habn, rot müffen fie fich tragen, ja tragen.

10. Und die mir helfen mein feins Lieb begrabn, fchwarze Manteln müffen fie habn, fchwarz müffen fie fich tragen, ja tragen.

11. So wollen wir ftiften ein ewige Meß, daß man der Bernauerin nicht vergeß, man wolle für fie beten, ja beten."

Ähnlich durch ganz Deutfchland.

1. Es wa - ren ein - mal drei Rei - ter ge - fangn, ge - fan - gen wa - ren fie; fie wur - den ge -

fan- gen und ge - füh - ret, kei - ne Trommel ward da-

bei ge - rüh - ret im gan - zen rö - mi - ſchen Reich.

2. Und als ſie wohl auf die Brücken kam, was begegnet ihnen allda? Ein Mägdlein jung an Jahren, hatte nicht viel Leid erfahren: "Geh hin und bitte für uns!"

3. "Und wenn ich für euch bitten tu, was hülfe mir denn das? Ihr ziehet in fremde Lande, laßt mich armes Mägdlein in Schande, in Schande laßt ihr mich."

4. Das Mägdlein ſah ſich um und um, groß Trauern kam ihr an; ſie ging wohl fort mit Weinen bei Straßburg über die Steine wohl vors Kommandantenhaus.

5. "Guten Tag, guten Tag, lieber Herr Kommandant, eine Bitt hab ich an euch: wollet meiner Bitte gedenken und mir die Gefangenen los ſchenken, dazu mein eignen Schatz."

6. "Ach nein, ach nein, wackres Mägdlein, das kann und darf nicht ſein; die Gefangenen, die müſſen ſterben, Gottes Reich ſollen ſie ererben, dazu die Seligkeit."

7. Das Mägdlein ſah ſich um und um, groß Trauern kam ihr an; ſie ging wohl fort mit Weinen bei Straßburg über die Steine wohl vors Gefangenenhaus.

8. "Guten Tag, guten Tag, Herzgefangener mein! Es kann und darf nicht ſein! Ihr Gefangenen, ihr müßt ſterben, Gottes Reich ſollt ihr ererben, dazu die Seligkeit."

9. Was zog ſie aus ihrem Schürzelein? Ein Hemd ſo weiß wie Schnee: "Sieh da, du Hübſcher und Feiner, du Herzallerliebſter und du Meiner, das ſoll dein Sterbekleid ſein."

10. Was zog er von ſeinem Finger? Ein goldnes Ringelein: "Sieh da, du Hübſche und Feine, du Herzallerliebſte und du Meine, das ſoll dein Denkmal ſein."

11. "Was ſoll ich mit dem Ringlein tun, wenn ichs nicht tragen darf?" "Leg dus in Kiſten und Kaſten, laß es ruhen, laß es riſten und raſten bis an den jüngſten Tag!"

12. "Und wenn ich an Kiſten und Kaſten komm und ſeh das Ringlein an, da darf ichs nicht anſtecken, das Herz möcht mir zerbrechen, weil ichs nicht ändern kann."

# BALLADEN

Aus der Altmark. Märkisches Liederblatt.

1. Es ritt ein Reiter sehr wohl-ge-mut, zwei Fe-dern trug er auf sei-nem Hut, fi-de-rum, fi-de-rum, fi-de-rum, rum, rum, zwei Fe-dern trug er auf sei-nem Hut.

2. Die ein war grün, die andre blank: „Mich däucht, mich däucht, Jungfer Dörtchen ist krank!"

3. Und als er über die Heide kam, hört er die Glocken läuten schon.

4. Die Glöcklein, die läuten rosenrot: „Mich däucht, mich däucht, Jungfer Dörtchen ist tot!"

5. Und als er vor den Kirchhof kam, sah er die Gräber graben schon.

6. „Guten Tag, guten Tag, liebe Gräber mein, für wen grabt ihr das Gräbelein?"

7. „Wir grabn das Grab für eine Dam, was habt Ihr, Herr, darnach zu fragn?"

8. Und als er vor die Haustür kam, sah er die Mutter weinen schon.

9. „Ach Mutter, herzliebste Mutter mein, was macht dein Jungfer Dörtelein?"

10. „Jungfer Dörtchen, daß sich Gott erbarm, sie ruht fein sanft in Gottes Arm.

11. Er hatt einen Säbel von Golde so rot, damit stach er sich selber tot.

12. Sie legten sie beide in einen Sarg und ließen sie nach dem Kirchhof tragen.

13. Es dauerte kaum dreiviertel Jahr, da wuchs eine Lilie auf ihrem Grab.

14. Und unter der Linde stund geschrieben, sie wären beide bei Gott geblieben.

Aus Hessen.

1. Ein Schäfer über die Brücke kam, da begegnet ihm ein Edelmann, da begegnet ihm ein Edelmann.

2. Der Edelmann zog sein Hütlein ab und bot dem Schäfer guten Tag.

3. „Ach Edelmann, laß dein Hütlein stohn, ich bin ein armer Schäfersohn."

4. „Bist du ein armer Schäfersohn, und hast doch Samt und Seide an?"

5. „Was gehts dich stolzen Edelmann an, wenn mirs mein Vater bezahlen kann?"

6. Der Edelmann kriegt einen grimmigen Zorn und warf den Schäfer in festen Turn.

7. Und als es dem Schäfer sein Vater erfuhr, macht er sich auf und ging hinzu:

8. „Ach Edelmann, laß meinen Sohn am Lebn! Dreihundert Taler will ich dir gebn."

9. „Dreihundert Taler ist mir kein Geld, euer Sohn muß sterben im breiten Feld."

10. Und als es dem Schäfer sein Schätzchen erfuhr, macht es sich auf und ging hinzu:

11. „Ach Edelmann, laß mein Schatz am Lebn! Eine güldne Krone will ich dir gebn."

12. „Eine güldne Kron ist mir genug. Nimm du und setz sie auf mein Hut!"

## GEISTLICHE LIEDER

### GEISTLICHE LIEDER

Beuttner, 1602.

1. Und un - fer lie - ben frau - en, der

trau - me - te ein traum: wie un - ter i - rem her - zen ge-

wach - fen war ein baum. Ky - rie e - lei - son!

2. Und wie der baum ein fchatten gab wol über alle land, herr Jefus Chrift, der heiland, alfo ift er genannt. Kyrie eleifon!

3. Herr Jefus Christ, der heiland, ift unfer heil und troft, mit feiner bittren marter hat er uns all erloft. Kyrie eleifon!

4. Und unfe liebe fraue, die trug ein kindelein, davon wölln wir fo fingen und wöllen fröhlich fein. Kyrie eleifon!

5. Auch unfe liebe fraue, die zog gen Bethlehem, gebar ihr liebs kind Jefum zu troft der chriftengemein. Kyrie eleifon!

6. Und da fie es geboren hatt, fie fah ir liebs kind an, fie kniet auf ein marmelftein und bet es alsbald an. Kyrie eleifon!

7. Auch unfe liebe fraue, die zog ir kindlein fchon, das folln wir hören gerne: was gab gott ir zu lon? Kyrie eleifon!

8. Und unfe liebe fraue begeret anders nicht dann wir, die arme chriftenheit, fo wär es fchon gericht. Kyrie eleifon!

9. Alfo fprach gott der herre wol zu der mutter fein: „Und welchen fünder du begerft, derfelbig der fei dein!" Kyrie eleifon!

GEISTLICHE LIEDER

1. Es ist ein Ros entsprungen aus einer Wurzel zart.
   Wie uns die Alten sungen, aus Jesse kam die Art.
   Und hat ein Blümlein bracht mitten im kalten Winter wohl zu der halben Nacht.

2. Das Röslein, das ich meine, davon Jesaias sagt, hat uns gebracht alleine Marie, die reine Magd. Aus Gottes ewgem Rat hat sie ein Kind geboren wohl zu der halben Nacht.

1. Meerstern, ich dich grüße! O Maria, hilf!
   Gottes Mutter, süße! O Maria, hilf!
   Maria, hilf uns

# GEISTLICHE LIEDER

al - len aus uns'-rer tie-fen Not!

2. Rose ohne Dornen. O Maria, hilf! Du von Gott Erkorne. O Maria, hilf! Maria, hilf uns allen aus unsrer tiefen Not!
3. Lilie ohnegleichen, der die Engel weichen!
4. Du Quell aller Freuden, Trösterin in Leiden!
5. Hoch auf deinem Throne, aller Jungfraun Krone!
6. Gib ein reines Leben, sichere Reis daneben!
7. Dich als Mutter zeige, gnädig uns zuneige!
8. Hilf uns Christum flehen, fröhlich vor ihm stehen!

Geistliches Trinklied der Nonnen am Niederrhein.

1. Laßt uns sin - gen und fröh - lich sein in den

Ro - sen mit Je - sus und den Freun-den sein; wer

weiß, wie lang wir hier noch sein in den Ro-sen.

2. Jesus Wein ist aufgetan in den Rosen: da sollen wir allesamt hingan, so mögen wir Herzensfreud empfahn in den Rosen.
3. Er soll uns schenken den Cypernwein in den Rosen. Wir müssen alle trunken sein wohl von der süßen Minne sein in den Rosen.
4. Setzt das Gläschen an den Mund in den Rosen, und trinkt es aus bis auf den Grund, da findt ihr den heiligen Geist zur Stund in den Rosen.
5. Laßt das Gläschen ume gan in den Rosen! So mögt ihr fröhlich heimwärts gan und alle Zeit in Freuden stan in den Rosen.

## GEISTLICHE LIEDER

Aus der Fuldaer Gegend.

1. Ma - ri - a wollt einſt wan - dern, wollt ſu - chen ih - ren Sohn, den ſie ver - lo - ren ſchon____, den ſie ver - lo - ren ſchon.

2. Da begegnet ihr auf der Reiſe Petrus mit ſeinem Stab: „Maria, wo willſt du hin?"

3. „Habt ihr nicht geſehen mein herzallerliebſten Sohn, den ich verloren ſchon?"

4. „Ich hab ihn wohl geſehen vor eines Juden Haus, ganz blutig ſah er aus."

5. „Was trug er auf ſeinem Häuptelein?" „Von Dornen eine Kron, das Kreuz, das trug er ſchon.

6. Das Kreuz, das mußt er tragen bis vor die Schädelſtatt, wo man ihn kreuzigt hat."

7. Maria kam zum Kreuz gegangen, ſie weinte bitterlich. „Maria, weine nicht!

8. Maria, laß dein Weinen ſein, die Martern die ſind mein, das Himmelreich iſt dein.

9. Drum habe ich vergoſſen mein roſenfarbiges Blut, iſt manchem Sünder gut.

10. Den Sündern nicht alleine, der ganzen Chriſtenheit, der Welt ſo weit und breit."

# GEISTLICHE LIEDER

Ditfurth, Fränkische Volkslieder.

1. Wun-der-schön präch-ti-ge, gro-ße und mäch-ti-ge, lieb-reich hold-se-li-ge, himm-li-sche Frau!
Wel-cher auf e-wig ich kind-lich ver-bin-de mich, ja auch mit Leib und Seel gänz-lich ver-trau.
Bil-lig mein Le-ben, al-les bei-ne-ben, al-les, ja al-les, was im-mer ich bin, geb ich mit Freu-den, Ma-ri-a, dir hin.

2. Die Sonn begleitet dich, es unterwirfet sich zu deinen Füßen der silberne Mond; kein Unvollkommenheit mindert dein Herrlichkeit; um dein Haupt machen die Stern ein Kron. Alles, was lebet, alles, was schwebet, |: alles, was Himmel und Erden schränkt ein, muß deiner Majestät untertan sein! :|

3. In diesem Jammertal seufzen wir allzumal zu dir, o Jungfrau, in Elend und Not. Maria, du allein wollst unsre Mutter sein, wann die Seel scheidet vom Leib der Tod. Wann wir hinreisen, tu uns erweisen |: Gnad und Barmherzigkeit bei deinem Thron, bitt für uns Jesum, dein göttlichen Sohn! :|

2. Was trug Maria unter ihrem Herzen? — Ein kleines Kindlein ohne Schmerzen, das trug Maria unter ihrem Herzen.
3. Da haben die Dornen Rosen getragn, als das Kindlein durch den Wald getragn, da haben die Dornen Rosen getragn.

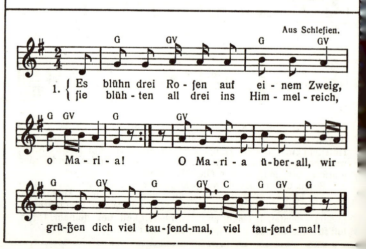

## GEISTLICHE LIEDER

2. Was trägt Maria unter ihrem Schoß? Ein kleines Kindlein, war nackt und bloß.
3. Was trägt Maria auf ihrem Arm? Ein kleines Kind, das ſich unſer erbarm!
4. Was trägt Maria in ihrer Hand? Ein Szepter, den hat ihr Gott, der Sohn, erlangt.
5. Was trägt Maria auf ihrem Haupt? Die Krone, die hat ihr Gott, der Herr, erlaubt.

Aus Oberschlesien.

Uf-m Ber-ge, da geht der Wind, da

wiegt die Ma-ri-a ihr Kind mit ih-rer ſchloh-en-gel-

wei-ßen Hand, ſie hat da-zu kein Wie-gen-band.

{ „Ach Jo-ſeph, lie - ber Jo-ſeph mein!  
  Ach, hilf mir wie-gen mein Kin - de - lein!" } „Wie

kann ich dir denn dein Knäb-lein wiegn? Ich kann ja kaum

ſelber die Fin-ger biegn". Schum, ſchei, ſchum, ſchei!

## GEISTLICHE LIEDER

2. Kommt ohne Inſtrumenten nit, eia... bringt Lauten, Harfen, Geigen mit! Halleluja...

3. Hier muß die Muſik himmliſch ſein, eia... weil dies ein himmliſch Kindelein. Halleluja...

4. Die Stimmen müſſen lieblich gehn, eia... und Tag und Nacht nicht ſtille ſtehn: Halleluja...

5. Das Lautenſpiel muß lauten ſüß, eia... davon das Kindlein ſchlafen müß: Halleluja...

6. Singt Fried den Menſchen weit und breit, eia... Gott Preis und Ehr in Ewigkeit! Halleluja...

## GEISTLICHE LIEDER 101

singt die Mutter Jungfrau rein. \
singt der Vater eben fein. \
"Singet und klinget dem Kindelein klein, dem honigsüßen Jesulein! \
"Singet und klinget, ihr Engelein rein, mit tausend süßen Stimmelein!"

2. "Komm, mein Kindelein, schau dein Bettelein, das für dich bereitet ist!" "Komm mein Söhnelein in dies Krippelein, das mit Heu gestreuet ist!" "Singet und klinget usw.

3. "Schließ die Äugelein, deck deine Händelein, denn es braust ein scharfer Wind!" "Schlaf, mein Kindelein, dich das Eselein wird erwärmen mit dem Rind!" "Singet und klinget usw.

4. "Schlaf, mein Ziere, meine Begiere, schweig, daß sich dein Leid nicht mehr!" "Schlaf, mein Sohne: von seinem Throne schickt dein Vater Englein her." "Singet und klinget usw.

Nach Süß, Salzburger Volkslieder, 1819.

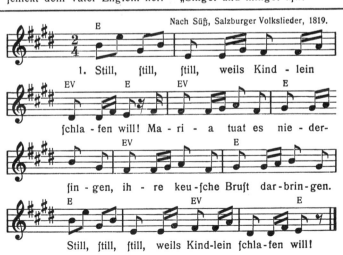

1. Still, still, still, weils Kindlein schlafen will! Maria tuat es niedersingen, ihre keusche Brust darbringen. Still, still, still, weils Kindlein schlafen will!

## GEISTLICHE LIEDER

2. Schlaf, schlaf, schlaf, mein liabes Kindlein, schlaf! Die Engel tuan schön musizieren, bei dem Kindlein jubelieren. Schlaf, schlaf, schlaf, mein liabes Kindlein, schlaf!

3. Groß, groß, groß, die Liab ist übergroß! Gott hat den Himmelsthron verlassen und muaß reisen auf der Straßen. Groß, groß, groß, die Liab ist übergroß!

4. Auf, auf, auf, ihr Adamskinder, auf! Fallet Jesum all zu Füßen, weil er für uns d Sünd tuat büaßen! Auf, auf, auf, ihr Adamskinder, auf!

5. Wir, wir, wir, tun rufen all zu dir: „Tua uns des Himmels Reich aufschliaßen, wenn wir einmal sterben müaßen." Wir, wir, wir tun rufen all zu dir.

1. Es ist ein Schnitter, heißt der Tod, hat Gwalt vom

gro - ßen Gott. Heut wetzt er das Mes - ser, es

schneidt schon viel bes - ser, bald wird er drein schneiden, wir

müs - sens nur lei - den: hüt dich, schöns Blü - me-lein!

2. Was heut noch grün und frisch dasteht, wird morgen weggemäht: die edel Narziffel, die englische Schlüssel, die schön Hyazinth, die türkische Bind: hüt dich, schöns Blümelein!

3. Viel hunderttausend ungezählt, da unter die Sichel hin fällt: rot Rosen, weiß Liljen, beid wird er austilgen, ihr Kaiserkronen, man wird euch nicht schonen: hüt dich, schöns Blümelein!

4. Trutz Tod! Komm her, ich fürcht dich nit! Trutz, komm und tu ein Schnitt! Wenn er mich verletzet, so werd ich versetzet, ich will es erwarten in himmlischen Garten: freu dich, schöns Blümelein!

## GEISTLICHE LIEDER

Aus dem Breisgau. Nach Erk, Liederhort.

1. Am Montag fängt die Wochen an, da will ich meinen Gott im Herzen han. |: Ave Maria! :|

2. Am Dienstag ist dem Schutzengel sein Tag: ach, heilger Schutzengel, steh uns bei Tag und Nacht! |: Ave Maria! :|
3. Am Mittwoch ist dem heilgen Joseph sein Bitt, ach, heilger Joseph, verlaß uns nit! |: Ave Maria! :|
4. Am Donnerstag ist das heilge Sakrament, das wollen wir empfangen jetzt und an unserm End. |: Ave Maria! :|
5. Am Freitag ist unserm lieben Herrgott sein Tag, da wolln wir sein heilges Leidn und Sterbn im Herzen habn. |: Ave Maria! :|
6. Am Samstag ist der lieben Mutter Gottes Bitt: ach, liebe Mutter Gottes, verlaß uns doch nit! |: Ave Maria! :|
7. Am Sonntag ist die heilge Dreifaltigkeit, Gott Vater, Sohn und Gott heilger Geist. |: Ave Maria! :|
8. Und der Beschluß ghört auch darzu: Gott geb den Verstorbnen die ewige Ruh! |: Ave Maria! :|

1. „Lip-pai*), steh auf vom Schlaf!" „Was ist denn da?" „Mich wunderts, daß d schlafen kannst."

*) Lippai = Philipp.

# GEISTLICHE LIEDER

„Ich schlaf schon." „Geh mit mir auf die Weid, schau, was s für Wun-der geit. S ist so licht wie am Tag." „Was war das?"

2. „Die Musik währt schon lang!" „Ich hör nicht." „Trag deine Pfeif auch bei dir!" „Bin schon gericht." „D Engel, die singen obn: Es ist ein Kind geborn. Wenns der Messias wär!" „Das wär rar."

3. „Bethlehem heißt der Ort!" „Wer hats gesagt?" „Ich habs vom Engel ghört." „Hastn gefragt?" „Ein Jungfrau, keusch und rein, soll seine Mutter sein. Dort, wo der Stern brinnt." „Geh nur geschwind!"

4. „So schön ist keins geborn" — „wie das Kind!" „Daß s auf dem Heu muß liegn", „is rechte Sünd!" „Ich tu die Mutter fragn, ob ichs mit mir darf tragn, ich hätt die größte Freud." „Du redst gescheit."

Nach dem Kölner Gesangbuch, 1619.

1. Da Je-sus in den Gar-ten ging, da ihm sein bit-ter Leidn an-fing, da trau-ert al-les, was da was, da trau-ert Laub und grü-nes Gras.

## GEISTLICHE LIEDER

Gießener Liederblatt.

1. Re - gi - na wollt in Gar - ten gehn, in Gar-ten wollt fie gehn, ro - te Rös-lein wollt fie bre - chen ab, die in dem Gar - ten ftehn.

2. Und als fie in den Garten kam, fchaut fie gleich neben fich, fieh, da ftand ja ein zartes Knäbelein: „Sag an, wer hat dich hereingetan?"

3. „Keine Mauer ift mir zu hoch, ja hoch, kein Schloß ift mir zu ftark, ich bin ja der himmlifche Maler, der alles malen kann."

4. „Wenn du der himmlifche Maler bift, fag an, wie heißt dein Nam?" „Mein Nam, der heißet Jefu Chrift, Herr Jefu heißt mein Nam."

5. „Heißt euer Nam Herr Jefu Chrift, mit euch will ich jetzt fort, will alle meine Kleider laffen, mein Gärtchen laffen ftehn.

6. Ach, wenn das meine Mutter wüßt, wohin ich kommen wär, fie tät mich nicht lange fuchen, fie tät mich laffen gehn.

7. Herr Jefu, fchreib ein Briefelein, darinnen fchreib zwei Wort: die Regina ift im Himmel, fie ift am beften Ort."

## AM ABEND

1. Ver-ſtoh-len geht der Mond auf, blau, blau Blü-me-lein, durch Sil-ber-wölk-chen geht ſein Lauf. Ro-ſen im Tal, Mä-del im Saal, o ſchönſte Ro-ſa!

2. Er ſteigt die blaue Luft hindurch (blau, blau ...), bis daß er ſchaut auf Löwenburg. (Roſen ...).
3. O ſchaue, Mond, durchs Fenſterlein, ſchön Trude lock mit deinem Schein!
4. Und ſiehſt du mich und ſiehſt du ſie, zwei treure Herzen ſahſt du nie.

1. Es dun-kelt ſchon in der Hei-de, nach Hau-ſe laßt uns gehn; wir haben das Korn ge-ſchnit-ten mit un-ſerm blan-ken Schwert.

## AM ABEND

Schulz, 1790.

1. Der Mond ist aufgegangen, die goldnen Sternlein prangen am Himmel hell und klar; der Wald steht schwarz und schweiget, und aus den Wiesen steiget der weiße Nebel wunderbar.

2. Wie ist die Welt so stille und in der Dämmrung Hülle so traulich und so hold als eine stille Kammer, wo ihr des Tages Jammer verschlafen und vergessen sollt.

3. Seht ihr den Mond dort stehen? Er ist nur halb zu sehen und ist doch rund und schön. So sind wohl manche Sachen, die wir getrost belachen, weil unsre Augen sie nicht sehn.

4. So legt euch denn, ihr Brüder, in Gottes Namen nieder, kalt ist der Abendhauch; verschon uns, Gott, mit Strafen und laß uns ruhig schlafen und unsern kranken Nachbar auch!

Claudius.

Aus dem Westerwald.

1. Stehn zwei Stern am hohen Himmel, leuchten

heller als der Mond, leuchten so hell, leuchten so

hell, leuchten heller als der Mond.

## AM ABEND

2. Ach, was wird mein Schätzchen denken, weil ich bin so weit von ihr, |: weil ich bin, :| weil ich bin so weit von ihr.

3. Gerne wollt ich zu ihr gehen, wenn der Weg so weit nicht wär, |: wenn der Weg, :| wenn der Weg so weit nicht wär.

4. Gold und Silber, Edelsteine, schönster Schatz, gelt, du bist mein; ich bin dein, du bist mein. Ach, was kann denn schöner sein!

Nach Friedrich von Spee, Trutznachtigall. Aus Döbeln i. S.

1. In stiller Nacht zur ersten Wacht ein Stimm begunnt zu klagen, der nächtge Wind hat leis und lind zu mir den Klang getragen. Von herbem Leid und Traurigkeit ist mir das Herz zerflossen. Die Blümelein mit Tränen mein hab ich sie all begossen.

2. Der schöne Mon will untergohn, für Leid nicht mehr mag scheinen. Die Sterne lan ihr Glitzen stahn, mit mir sie wollen weinen. Kein Vogelsang noch Freudenklang man höret in den Lüften. Die wilden Tier traurn auch mit mir in Steinen und in Klüften.

## FREUDE

2. Ich denke, was ich will, und was mich beglücket, doch alles in der Still, und wie es sich schicket. Mein Wunsch und Begehren kann niemand verwehren, es bleibet dabei: die Gedanken sind frei!

3. Ich liebe den Wein, mein Mädchen vor allen, sie tut mir allein am besten gefallen. Ich bin nicht alleine bei meinem Glas Weine, mein Mädchen dabei: die Gedanken sind frei!

4. Und sperrt man mich ein im finsteren Kerker, das alles sind rein vergebliche Werke; denn meine Gedanken zerreißen die Schranken und Mauern entzwei: die Gedanken sind frei!

5. Drum will ich auf immer den Sorgen entsagen und will mich auch nimmer mit Grillen mehr plagen. Man kann ja im Herzen stets lachen und scherzen und denken dabei: die Gedanken sind frei!

# FREUDE

2. Wenn i auf dålma geh im feſchn Steiragwand, grean eingfåßt is da Rock, ſo trågt mas in meim Land, dazua an Ålmaſtock in meina rechten Hand, a Bixerl a dazua, ſo ſam mas gwohnt. (Jodler.)

3. Wenn i zum Deandl geh und ſteh vor ihram Haus, ſo lachts mi freindli o und kummt zu mir heraus. Sie fållt ma um an Håls und ſågt ma ſtaad ins Ohr, du biſt mei liaba, liaba Streirabua. (Jodler.)

# FREUDE — SOMMERLUST

2. Es blühen Rosen, es blühen Nelken, es blühen Blumen, sie welken ab. Drum sag ichs noch einmal, usw.

3. Es blüht ein Weinstock, und der trägt Reben, und aus den Reben quillt edler Wein. Drum sag ichs noch einmal, usw.

## SOMMERLUST

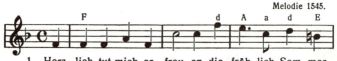

# SOMMERLUST

Schall, lieblich die Vöglein singen, vor-aus die Nach-ti-gall.

2. Der Kuckuck mit seim Schreien macht fröhlich jedermann, des Abends fröhlich reihen die Meidlein wohlgetan. Spazieren zu dem Bronnen pflegt man zu dieser Zeit, all Welt sucht Freud und Wonnen mit Reisen fern und weit.

3. Darum lob ich den Summer, darzu den Maien gut, der wendt uns allen Kummer und bringt viel Freud und Mut; der Zeit will ich genießen, dieweil ich Pfenning hab, und wen es tut verdrießen, der fall die Stiegen ab.

Thysius, Lautenbuch, um 1600.

2. Ich geh, ein Mai zu hauen, hin durch das grüne Gras, schenk meinem Buhl die Treue, die mir die liebste was. Und bitt, daß sie mag kommen, all vor dem Fenster stahn, empfangen den Mai mit Blumen, er ist gar wohl getan.

3. Er nahm sie sonder Trauern in seine Arme blank, der Wächter auf der Mauern hub an ein Lied und sang: „Ist jemand noch darinnen, der mag bald heimwärts gahn. Ich seh den Tag herdringen schon durch die Wolken klar."

## SOMMERLUST

4. „Ach Wächter auf der Mauern, wie quälſt du mich ſo hart! Ich lieg in ſchweren Trauern, mein Herze leidet Schmerz. Das macht die Allerliebſte, von der ich ſcheiden muß; das klag ich Gott dem Herren, daß ich ſie laſſen muß.

5. Ade, mein Allerliebſte, ade, ſchöns Blümlein fein, ade, ſchön Roſenblume, es muß geſchieden ſein! Bis daß ich wieder komme, bleibſt du die Liebſte mein; das Herz in meinem Leibe gehört ja allzeit dein."

Aus dem Heſſen-Darmſtädtiſchen.

1. Ich ging durch ei-nen gras-grü-nen Wald, da hört ich die Vö-ge-lein ſin-gen; ſie ſan-gen ſo jung, ſie ſan-gen ſo alt, die klei-nen Vö-ge-lein in dem Wald, die hört ich ſo ger-ne wohl ſin-gen.

2. „Sing zu, ſing zu, Frau Nachtigall, ſing mir von meinem Feinsliebchen! Sing mir es ſo hübſch, ſing mir es ſo fein! Heut abend, da will ich bei ihr ſein, will ſchlafen in ihren Armen."

3. Der Tag verging, der Abend kam, Feinsliebchen kam gegangen. Es klopfte ſo leis mit ſeinem Ring: „Steh nur auf, du herzallerſchönſtes Kind, ich habe ſchon lange geſtanden."

4. „So lange geſtanden haſt du noch nicht, ich habe noch garnicht geſchlafen. Ich habe gedacht in meinem Sinn: wo iſt mein Herzallerliebſter hin? Wo biſt du ſo lange geblieben?"

5. „Wo ich ſo lange geblieben bin, das darf ich dir, Schätzchen, wohl ſagen: wohl bei dem Bier, wohl bei dem Wein, allwo die ſchönen Jungfern ſein, da bin ich auch jederzeit gerne."

# SOMMERLUST

Enthalten in einem Faſtnachtsſpiele von Hans Sachs 1562. Mel. 1550.

1. Der ma-yen, der ma-yen, der pringt uns plüemelein vil____; ich trag ain freis ge-müe-te, Gott wais wol, wem ichs wil, Gott wais wol, wem ichs wil.

2. Ich wils eim freyen geſelen, der ſelbig wirbt umb mich, er tregt ein ſeidin hemat an, |: darein ſo preiſt er ſich. :|

3. Er maint, es ſüng ain nachtigal, da wars ain junkfrau fein, und kan ſie im nit werden, |: trauret das herze ſein. :|

Melch. Franck, 1611.

1. Die lie-be Mai-en-zeit mein gan-zes Herz er-freut, wenn ich nur tu an-ſchau-en die Blüm-lein auf der Au-en und hör die Vö-gel ſin-gen, wie es ſo ſchön tut klin-gen.

## SOMMERLUST

2. Doch vielmehr noch der Freud mir jetzund dieses geit, mit Jungfrauen spazieren, im Gras sich erlustieren mit lieblichem Umfangen, darnach trag ich Verlangen.

3. Ein Musi wohlbestellt mir noch viel besser gfällt, das macht die Freud im Herzen und lindert alle Schmerzen, drum laßt uns fröhlich singen und eins einander bringen.

Heidelberger Liederblatt.

1. Wie schön blüht uns der Mai-en, der Som-mer fährt da-hin.
   Mir ist ein schön Jung-fräu-lein ge-fal-len in mei-nen Sinn.

Bei ihr ja wär mir wohl, wann ich nur an sie den-ke, mein Herz ist freu-de-voll.

2. Bei ihr, da wär ich gerne, bei ihr, da wär mirs wohl; sie ist mein Morgensterne, strahlt mir ins Herz so voll. Sie hat ein roten Mund, sollt ich sie darauf küssen, mein Herz würd mir gesund.

3. Wollt Gott, ich fänd im Garten drei Rosen auf einem Zweig, ich wollte auf sie warten, ein Zeichen wär mirs gleich. Das Morgenrot ist weit, es streut schon seine Rosen: ade, meine schöne Maid!

## AUF DER LANDSTRASSE

Nicolai, feiner Almanach.

1. Als ich ein jung Ge-sel-le war, nahm ich ein stein-alt

Weib. Ich hatt sie kaum drei Ta-ge, Ti-Ta-Ta-ge, da

hatts mich schon ge-reut, da hatts mich schon gereut.

2. Da ging ich auf den Kirchhof hin und bat den lieben Tod: „Ach lieber Tod von Basel, hol mir meine Alte fort!"
3. Und als ich wieder nach Hause kam, meine Alte war schon tot; ich spannt die Roß an Wagen und fuhr meine Alte fort.
4. Und als ich auf den Kirchhof kam, das Grab war schon gemacht. „Ihr Träger tragt fein sachte, daß die Alte nicht erwacht!"
5. „Scharrt zu, scharrt zu, scharrt immer zu das alte, böse Weib! Sie hat ihr Lebetage geplagt mein jungen Leib."
6. Und als ich wieder nach Hause kam, warn Tisch und Bett zu weit. Ich wartet kaum drei Tage und nahm ein junges Weib.
7. Das junge Weiberl, das ich nahm, das schlug mich nach drei Tag. „Ach lieber Tod von Basel, hätt ich meine alte Plag!"

Durch ganz Deutschland.

1. Wohl-an die Zeit ist kom-men, mein Pferd das muß ge-sat-telt sein. Ich hab mirs vor-ge-

## AUF DER LANDSTRASSE

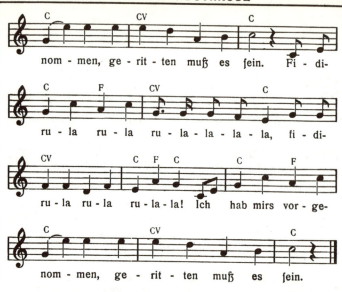

2. In meines Vaters Garten, da ſtehn viel ſchöne Blum, ja Blum. Drei Jahr muß ich noch warten, drei Jahr ſind bald herum.
3. Du glaubſt, du wärſt die Schönſte wohl auf der ganzen Welt, ja Welt, und auch die Angenehmſte, iſt aber weit gefehlt.
4. Der Kaiſer ſtreit fürs Ländle, der Herzog für ſein Geld, ja Geld, und ich ſtreit für mein Schätzle, ſolang es mir gefällt.
5. Solang ich leb auf Erden, ſollſt du mein Trimpele-Trampele ſein, und wenn ich einſt geſtorben bin, ſo trampelſt hinterdrein.

Aus der Gegend von Limburg und Wetzlar.

# AUF DER LANDSTRASSE

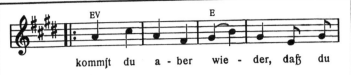

2. "Und wenn ich auch mal wieder komm, mein Schatz, was nützt es dich! Lieb hab ich dich von Herzen, aber heiraten tu ich dich nicht."

3. Sind auch die Äpflein rosenrot, schwarze Kernlein sind darin, und so oft ein Knab geboren wird, hat er schon einen falschen Sinn.

4. Einen falschen Sinn, einen kecken Mut, den haben sie allzugleich, und wenn sie ein Mädel betrügen können, so ists ihr größte Freud.

5. Ihr Mägdelein, seid ihr sternenblind, oder seht ihr gar nicht mehr? Seht ihr nicht die Hirschlein laufen, die man jetzt abschießen soll?

6. Die Hirschlein, die man schießen soll, die laufen in dem Wald, Junggesellen soll man lieben, eh daß sie werden alt.

7. Denn wenn sie alt und schrumplich sind, habens Grübchen im Gesicht. Dann die eine zu der andern spricht: "Nimm ihn du, ich mag ihn nicht."

8. "Und wenn du ihn nicht willst und ich ihn nicht mag, sag an, was tut man dann?" "Ei dann ladt ihn in eine Kanone und schießt ihn nach Amsterdam!"

Aus Mähren. Preiß, Singbuch.

## AUF DER LANDSTRASSE

rei - sen in Län-dern weit und breit, seid wohl-gemuet und wohlge-tröst, weil God ein Wanders-mann ist gwöst auf Er-den lan - ge Zeit.

2. Durch Disteln und durch Doarn mueß ich goar oftmoals wandern, ich bin dazu geboarn; ich fürcht kein Schnee, kein Kält, kein Hitz, obgleich ich auch bisweilen schwitz, von God kommt der Gewinn.

3. Dö Mohlzeit ist ganz klein, es ist ja nur ein Stückchen Brot, das Wasser ist der Wein, das trockne Brot ist mein Kapaun, ich hab kein Wildpret, kein Fasaun, tua gleich noch fröhlich sein.

4. Wann kommt die Nocht herzue, bitt ich den Wiert um Heu oder Stroh, leg mich darauf zur Rue, dö Muedigkeit mocht, doß ich schlof viel besser als ein Fuerst und Grof, der Födern hat genug.

Bei Studenten.

1. { Horch, was kommt von drau - ßen rein?
     Wird wohl mein Feins - lieb - chen sein.

Hol - la - hi! Hol - la - ho! Hol - la - hi - a - ho!

## AUF DER LANDSTRASSE

Geht vor-bei und schaut nicht rein. Hol-la-hi! Hol-la-ho!

Wirds wohl nicht ge-we-sen sein. Hol-la-hi-a-ho!

2. Leute habens oft gesagt, daß ich ein Feinsliebchen hab. Laß sie reden, schweig fein still, kann ja lieben, wen ich will.

3. Sagt mir, Leute, ganz gewiß, was das für ein Lieben ist: die ich liebe, krieg ich nicht und ne andre mag ich nicht.

4. Wenn mein Liebchen Hochzeit hat, hab ich meinen Trauertag, geh dann in mein Kämmerlein, trage meinen Schmerz allein.

5. Wenn ich dann gestorben bin, trägt man mich zum Grabe hin, setzt mir keinen Leichenstein, pflanzt nicht drauf Vergißnichtmein!

Tiroler Spottlied auf die Pinzgauer.

1. Die Binschgauer wollten wallfahrten gehn, die Binschgauer wollten wallfahrten gehn, |: sie täten gerne singen und kunntens nit gar schön. :| Zschahi, zschaho, zschahiahiaho! Die Binschgauer sind schon wiawieder do. Jetzt schau fei, daß ein jeder, jeder, jeder, jeder, jeder, jeder |: sei Ränzele ho! :|

2. |: Die Binschgauer zogen weit vom Heimatland, :| |: sie schauten viele Stadeln und wurden rings bekannt. :| Zschahi usw.

3. |: Die Binschgauer hatten viele Freud und Not, :| |: bis daß des Domes Zinne erglänzt im Abendrot. :| Zschahi usw.

4. |: Die Binschgauer gängen um den Dom herum, :| |: die Fahnestang is broche, jetzt gängens mit dem Trumm. :| Zschahi usw.

5. |: Die Binschgauer gängen in den Dom hinein, :| |: die Heilgen täten schlofen, sie kunntens nit derschrein. :| Zschahi usw.

6. |: O heiliger Sankt Florian! :| |: Verschone unser Häuser, zünd andren ihre an! :| Zschahi usw.

## AUF DER LANDSTRASSE

Wimpfen, Cannstatt, Ulm.

1. Der Jä-ger in dem grü-nen Wald, da

sucht er Tier-leins Auf-ent-halt. Und er

ging wohl in dem Wald bald hin, bald her, und er

ging wohl in dem Wald bald hin, bald her, ob auch nichts, ob

auch nichts, ob auch nichts an-zu-tref-fen wär.

2. Mein Hündlein hab ich stets bei mir in diesem grünen Waldrevier, und mein Hündelein, das jagt, und mein Herz, das lacht, meine Augen leuchten hell und klar.

3. Ich sing mein Lied aus voller Brust, der Hirsch tut einen Satz vor Lust, und der Fink, der pfeift, und der Kuckuck schreit, und die Hasen kratzen sich am Bart.

4. Und als ich in den Wald nein kam, traf ich ein schönes Mägdlein an: „Ei, wie kommst dus in den Wald herein, du strahloses Mägdlein, ei, wie kommst dus in den Wald herein?

5. Du sollst ja nicht mehr bleiben hier in diesem grünen Waldrevier; bleibe dus bei mir als Jägerin, du strahloses Mägdlein, bleibe dus bei mir als meine Braut!"

# AUF DER LANDSTRASSE

Aus Hessen-Nassau.

1. Es wollt ein Mägdlein früh aufstehn, dreiviertel Stund vor Tag, wollt in den Wald spazieren gehn, holdri, holdra, spazieren gehn, wollt Brombeern brechen ab.

2. Und als sie in den Wald nein kam, da kam des Jägers Knecht: „Ei Mägdlein, scher dich aus dem Wald, holdri, holdra, aus dem Wald, s ist meinem Herrn nicht recht."

3. Und als sies ein Stück weiter kam, da kam des Jägers Sohn: „Ei Mägdlein, setz dich nieder, holdri, holdra, nieder und zupf dein Körblein voll."

4. „Ein Körblein voll, das brauch ich nicht, eine Handvoll ist genug. In meines Vaters Garten, holdri, holdra, Garten, da wachsen Brombeern gnug."

5. Und als dreiviertel Jahr um warn, die Brombeern wurden groß, da hat das schwarzbraun Mägdelein, holdri, holdra, Mägdelein ein Kind auf ihrem Schoß.

6. Sie schaut das Kind barmherzig an: „Ach Gott, was ist denn das? Sind das die braunen Beeren, holdri, holdra, Beeren, die ichs gegessen hab?"

## AUF DER LANDSTRASSE

Aus dem Spessart und Odenwald.

1. „Spring auf, spring auf, feins Hirschelein, spring auf auf deine Füße! Spring auf und laufe fort in das wunderschöne Ort, meine Kugel tut sich rühren."

2. Hubertus in dem Busche stand, seine Flinte tät er laden. „Jäger, lad und schieße drein, denn es muß geschossen sein, meine Büchse, die muß knallen."
3. „Ach Jäger, lieber Jäger mein, warum hast du mich geschossen? Denn mein junges, frisches Herz, das muß leiden großen Schmerz, meine Augen stehn mir offen."
4. „Ach Hirschlein, liebes Hirschlein mein, was trägst auf deinem Haupte?" „Was ich auf dem Haupte trag, das darf ich schon jemand sagn: Jesus Christus an dem Kreuze."
5. Da tät der fromme Jägersmann sein Haupt zur Erde neigen: „Nun schieß ich kein Hirschlein mehr, sag dem grünen Wald ade, in das Kloster will ich gehen."
6. Wer hat das schöne Lied erdacht? Zwei junge Jägerburschen. Auf der Straß und überall, wo sie nur beisammen warn, haben sie es stets gesungen.

Nicolai, Almanach. Aus der Bingerauer Gegend.

1. Es blies ein Jäger wohl in sein Horn, wohl in sein Horn. Und alles, was er blies, das

# AUF DER LANDSTRASSE

war ver - lorn. Huſ - ſaſ - ſa! Tra - ra - ra - ra! Und

al - les, was er blies, das war ver - lorn.

2. „Soll denn mein Blaſen verloren ſein? Viel lieber möcht ich kein Jäger ſein."

3. Er warf ſein Netz wohl übern Strauch, da ſprang ein ſchwarzbraunes Mädel heraus.

4. „Ach ſchwarzbraunes Mädel, entſpring mir nicht! Ich habe große Hunde, die holen dich."

5. „Deine großen Hunde, die fürcht ich nicht, ſie kennen meine hohen, weiten Sprünge nicht."

6. „Deine hohen, weiten Sprünge, die kennen ſie wohl, ſie wiſſen, daß du heute noch ſterben ſollſt."

7. „Und ſterbe ich heute, ſo bin ich tot, begräbt man mich unter Roſen rot."

8. Er warf ihr das Netz wohl über den Arm, da ſchrie das Mägdelein, daß Gott erbarm.

9. Er warf ihr das Netz wohl um den Fuß, daß ſie zu Boden fallen muß.

10. Er warf ihr das Netz wohl über den Leib, da ward ſie des jungfriſchen Jägers Weib.

18. Jahrhundert.

1. Ein Jäger aus Kurpfalz, der reitet durch den grünen Wald, er reitet hin und her, ſo wie es ihm gefällt. Ju ja, ju ja! Gar luſtig iſt die Jägerei allhier auf grüner Heid, allhier auf grüner Heid!

2. Burſch, ſattle mir mein Pferd und leg darauf den Mantelſack, ſo reit ich hin und her als Jäger aus Kurpfalz. Ju ja, ju ja!

3. Wohl zwiſchen ſeine Bein, da muß der Hirſch geſchoſſen ſein, geſchoſſen muß er ſein, auf eins, zwei, drei! Ju ja, ju ja!

4. Jetzt reit ich nicht mehr heim, bis daß der Kuckuck kuckuck ſchreit; er ſchreit die ganze Nacht allhier auf grüner Heid: Ju ja, ju ja!

## AUF DER LANDSTRASSE

Tübinger Kommiß.

1. Droben im Oberland, ei, da iſts ſo wunderfein; da iſt die Jägerei, da iſt das Schießen frei. Schießen, das iſt meine größte, größte Freud, ei, das iſt ſo wunderfein.

2. Schieß mir einen Rehbock zſamm, fallt er oder fallt er net. Fallt er net, ſo bleibt er ſtehn, zu meiner Lina muß i gehn, zu meiner Lina muß i gehn alle Woch ſechs- ſiebenmal.

3. Geſtern iſt Sonntag gwe, heut bin ich ſchon wieder da. Sie hat ein Hütlein auf, eine ſchöne, ſchöne Feder drauf, ſie ſah ſo reizend, reizend aus und ſie ging mit mir nach Haus.

4. Lauter hübſche, junge Leut ſeins wir, lauter hübſche, junge Leut! Wenns die hübſchen, jungen Leut net wärn, wer ſollt das viele Geld verzehrn? Lauter hübſche, junge Leut ſeins wir, lauter hübſche, junge Leut!

Durch ganz Deutſchland.

1. Drei Li-li-en, drei Li-li-en, die pflanzt ich auf mein Grab; da kam ein ſtol-zer Rei-ter und brach ſie ab. Mit Ju-val-le-ral-le-ral-le-ral-le-ra, ju-vi-val-le-ral-le-ral-le-ral-le-ra, da kam ein ſtol-zer Rei-ter und brach ſie ab.

## AUF DER LANDSTRASSE

**2.** Ach Reiter, lieber Reitersmann, laß doch die Lilien ſtehn, die ſoll ja mein Feinsliebchen noch lange ſehn.

**3.** Und ſterbe ich noch heute, ſo bin ich morgen tot; dann begraben mich die Leute ums Morgenrot.

1. "Wie ſcheint der Mond ſo hell auf die-ſer Welt. Zu mei-ner Lieb-ſten, da muß ich ge-hen, vor ih-rem Fen - ſter, da muß ich ſtehn."

**2.** |: "Wer ſteht da draußen und klopfet an?" :| |: "Steh du nur auf, laß mich herein, es wird dein Herzallerliebſter ſein." :|

**3.** |: "Hereingelaſſen wirſt du ja nicht. :| |: Da wo mein Bettlein ſteht, da ſind zwei Wände, und unſre Liebſchaft, die hat ein End." :|

1. Glück auf! Glück auf! Der Stei-ger kommt. Und er hat ſein hel - les Licht (bei der Nacht) und er hat ſein hel - les Licht (bei der Nacht), hats an - ge - zündt___, hats an - ge - zündt.

## AUF DER LANDSTRASSE

2. Hats angezündt, das gibt einen Schein; und damit so fahren wir ins Bergwerk hinein.

3. Die Bergleut sein hübsch und fein, und sie graben das Silber und das Gold aus Felsenstein.

4. Der eine gräbt das Silber, der andere gräbt das Gold, und den schwarzbraunen Mägdelein, den sein sie hold.

5. „Ade, nun ade, lieb Schätzelein! Und da drunten in dem tiefen Schacht, da denk ich dein."

6. Und kehr ich heim zum Schätzelein, so erschallt des Bergmanns Ruf: „Glückauf, Glückauf! Glückauf, Glückauf!"

Aus Schlesien.

1. „Steh nur auf, steh nur auf, du Hand-werks-ge-sell! Die Zeit hast du verschla-fen, die Vög-lein sin-gen im grü-nen Wald, der Fuhr-mann tut schon fah-ren."

2. „Ei, was scher ich mich um der Vöglein Gesang und um des Fuhrmanns Fahren! Ich bin ein junger Handwerksgesell, muß reisen fremde Straßen."

3. In Preußen liegt eine wunderschöne Stadt, Berlin tut man sie heißen; Berlin, das ist uns wohlbekannt, da wollen wir jetzt hinreisen.

4. Und als wir kamen vor das Potsdamer Tor, täten wir die Schildwach fragen, allwo der Gesellen ihre Herberg wär, das sollten sie uns sagen.

## AUF DER LANDSTRASSE

5. Auf der Kuchelberger Gaß im Braunschweiger Haus, da sollten wir einkehren, da sollten wir nach Handwerksbrauch den Herbergsvater ehren.

6. "Seid willkommen, willkommen ihr Söhne mein! Da steht eine Kann mit Weine, und sollt euer Sinn nach Arbeit stehn, so schenk ich auch noch eine."

Aus Tübingen.

1. Es wohn-te ei-ne Mül-le-rin zSchaffhau-sen

an dem Rhein. Und die woll-te sel-ber mah-len, schön

Geld wollt sie der-spa-ren, wollt sel-ber Mahlknecht

sein zSchaff-hau-sen an dem Rhein.

2. Und als der Müller nach Hause kam, vom Regen war er naß: "Steh nur auf, steh nur auf, du Stolze, mach mir ein Feuer von Holze, vom Regen bin ich naß."

3. "Ich steh nit auf, laß dich nit rein", so sprach die Müllrin fein, "denn ich hab heut Nacht gemahlen, schön Geldchen zu ersparen, vom Abend bis zum Tag, daß ich nit aufstehn mag."

4. "Stehst du nit auf, läßt mich nit rein", so sprach der Müller fein, "ei, so tu ich die Mühl verkaufen, das Geld will ich versaufen bei Met und kühlem Wein, wo schöne Mädchen sein."

5. "Verkauf die Mühl, versauf dein Geld", sprach drauf die Müllrin fein. "Ei, so tu ich mir eine bauen auf schöner goldner Auen, wos klare Wasser sein, Schaffhausen an dem Rhein."

## AUF DER LANDSTRASSE

Aus Wyß, Schweizer Kuhreihen und Volkslieder.

1. Im Är-gäu find zweu Lie-bi, im Är-gäu find zweu Lie-bi, die het-tid en-an-de-re gern, gern, gern, die het-tid en-an-de-re gern.

2. Und der jung Chnab zog zu Chriege. Wänn chummt er wiederum hèi?

3. Übers Jahr im andere Sommer, wänn d Stüdeli trägid Laub.

4. Unds Jahr, und das wär umme, und der jung Chnab ist wiederum hei.

5. Er zog durs Gäffele ufe, wos fchön Anni im Fenfter läg.

6. „Gott grüeß di, du Hübfchi, du Fini, vo Herze gefallft du mir wohl."

7. „Wi chan i denn dir no gfalle? Ha fchon längft en andere Ma.

8. En hübfchen und en riche, und der mi erhalte cha."

9. Er zog durs Gäffeli abe und weinet und truret fo fehr.

10. Da begegnet ihm feini Frau Mueter: „Und was weinift und trurift fo fehr?"

11. „Was fött i nid weinen und trure? Jez han i keis Schätzeli meh."

12. „Wärift du deheime bliebe, fo hättift dis Schätzeli no."

Durch ganz Deutfchland.

1. Es wel-ken al-le Blät-ter, fie fal-len al-le ab. Und mein Schatz hat mich ver-

# AUF DER LANDSTRASSE 143

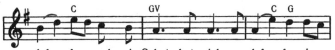

laſ-ſen und mein Schatz hat mich ver-laſ-ſen, ins

Kloſter wollt ſie gehn, ins Klo-ſter wollt ſie gehn.

2. Ins Kloſter wollt ſie gehen, wollt werden eine Nonn. "Und ſo muß ich die Welt durchziehen, bis daß ich zu ihr komm."

3. Vorm Kloſter angekommen, ganz leiſe klopft ich an: "Gebt heraus die jüngſte Nonne, die zuletzt ins Kloſter kam!"

4. "'S iſt keine angekommen, wir geben auch keine heraus, denn was drin iſt, das muß drin bleiben, im ſchönen Gotteshaus."

5. Was ſteht dort unter der Linde? Schneeweiß war ſie gekleidet, und ihr Haar war abgeſchnitten, zur Nonn war ſie bereit.

6. Was trug ſie an dem Finger? Von Gold ein Ringelein: "Nimm es hin, mein Herzallerliebſter, das ſoll der Abſchied ſein."

Aus Heſſen. Gießener Liederblatt.

1. Auf je-nem Ber-ge, da möcht ich woh-nen, auf je-nem Ber-ge, da möcht ich ſein. Ro-ſa, Ro-ſa, Ro-ſa, Ro-ſa mein, ach, könnt ich e-wig bei dir ſein. ſein.

# AUF DER LANDSTRASSE

2. Auf jenem Berge, da wächſt ein Blümelein, ich glaub, es iſt ein Röſelein. Roſa, Roſa, Roſa, Roſa mein, ach, könnt ich ewig bei dir ſein.

3. Auf jenem Berge, da ſingt ein Vögelein, ich glaub, es iſt ein Nachtigall. Nachtigall, Nachtigall, grüß mir mein Schatz viel tauſendmal!

Von der Waterkant.

1. Un dor - bi wahnt hei noch jüm - mer in de

Lam - mer - Lam - mer - ſtraat, Lam - mer - Lam - mer - ſtraat, kann

maken, wat hei will, kann maken, wat hei will. Nu man

jümmer, jümmer ſtill, hei kann ma-ken, wat hei will. Hei kann

ma-ken, wat hei will. Un dor mak hei ſick en Gei-ge-ken,

Gei - ge-ken, per-dautz! Vi - ge - lin, Vi - ge - lin, fä dat

# AUF DER LANDSTRASSE

Gei-ge-ken, Vi-ge-lin, Vi-ge-lin, ſä dat Gei-ge-ken.

Un Vi-ge-Vi-ge-lin, un Vi-ge-Vi-ge-lin, un ſin Deern, de

heit Kath-rin, un ſin Deern, de heit Kath-rin, un ſin

Deern, de heit Kathrin, un ſin Deern, de heit Kath-rin.

2. Un dorbi wahnt hei noch jümmer in de |: Lammer-Lammerſtraat, :| |: kann maken, wat hei will, :| nu man jümmer, jümmer ſtill, |: hei kann maken, wat hei will. :| Un dor mak hei ſik nen |:Hollandsman,:| perdautz! |: Gotts verdori! :| ſä de Hollandsman. |: Vigelin, :| ſä dat Geigeken. Un Vige-Vigelin. . . .

3. Un dorbi wahnt hei uſw., un dor mak hei ſik nen |: Engelsman, :| perdautz! |: Damn your eye, :| ſä de Engelsman, |: Gotts verdori! :| ſä de Hollandsman. |: Vigelin, :| ſät dat Geigeken, |: Vigelin, :| ſä dat Geigeken. Un Vige-Vigelin. . . .

4. Un dor mak hei ſik nen |: Spaniſchman, :| perdautz! |: Caramba! :| ſä de Spaniſchman, |: Damn your eye, :| ſä de Engelsmann, |: Gotts verdori! :|

5. Un dor mak hei ſik |: Napoleon, :| perdautz! |: Ick bün Kaiſer, :| ſä Napoleon, |: Caramba! :|

6. Un dor mak hei ſik nen |: Hanſeat, :| perdautz! |: Slah em dot! :| ſä de Hanſeat, |: ick bün Kaiſer, :| ſä Napoleon, |: Caramba! :| ſä de Spaniſchman, |: Damn your eye! :| ſä de Engelsman, |: Gotts verdori! :| ſä de Hollandsman. |: Vigelin, :| ſä dat Geigeken. Un Vige-Vigelin, un Vige-Vigelin, un ſin Deern, de heit Kathrin. |: Un ſin Deern, de heit Kathrin, :| un ſin Deern, de heit Kathrin.

## AUF SCHIFFEN UND ROLLWAGEN

Aus Niederbayern.

1. Bin i net a lu-fti-ger Fuhrmanns-bue? Bin i net a

lu-fti-ger Bue? Fahr Stadl aus, Stadl ein,

fahr Stadl aus, Stadl ein. Schaun mir die Leut al-le

zu, al-le zu, fchaun mir die Leut al-le zu.

2. Fahr i am Morgen zum Stadttor naus, lang eh die Sonne aufgeht, |: bin i über Berg und Tal, lang eh mein Madl auffteht. :|

3. Fahr i in der Früh auf der Straßen hin zwifchen die Tannen im Wald, |: ah, was ift das für a Freud, was das Schnalzen fchön hallt! :|

4. Was da die Vögerln fchön fingen tun, was da die Blümlein fchön blühn! |: Was die Hirfch und Reh über die Straßen hinziehn! :|

5. Treff i im Wirtshaus Kameraden an, fetzn wir uns zfamm, zwei und drei, |: diskuriern allerhand, s is gar kein Gfellfchaft fo frei. :|

6. Hör i den Hahnfchrei wohl in der Fruh, reib i mir die Augen und fteh auf. |: Wirtshausleut, feids bei der Hand! Der Tag bricht an, die Sonn kommt rauf. :|

7. Hausknecht, fpann meine fechs Rapperln ein! Kellnerin, trag außi mein Hut! |: Jetzt müffen wir wieder weiter fahren, s Dableiben tut einmal kein gut. :|

8. Fuhrmannsbue bi i fchon fünfthalb Jahr, Fuhrmannsbue bleib i noch lang. |: Kann wohl fein, daß i ftirb, eh i was anders anfang. :|

## AUF SCHIFFEN UND ROLLWAGEN

Niederländisch, 17. Jahrhundert.

1. Hab mein Wage voll gelade, voll mit alten Weibsen.
Als wir in die Stadt nein kamen, hubn sie an zu keifen.
Drum lad ich all mein Lebetage nie alte Weibsen auf mein Wage. Hü! Schimmel, hü!

2. Hab mein Wage voll gelade, voll mit Männern alten. Als wir in die Stadt nein kamen, murrten sie und schalten. Drum lad ich . . .

3. Hab mein Wage voll gelade, voll mit jungen Mädchen. Als wir zu dem Tor neinkamen, sangen sie durchs Städtchen. Drum lad ich all mein Lebetage nur junge Mädchen auf mein Wage. Hü! Schimmel, hü!

Aus Hanau und Schlüchtern.

1. Ein Postknecht ist ein armer Wicht, kaum weiß er sich zu fassen.
Er scheuet Hitz und Kälte nicht, lebt immer auf der Straßen.
Sind seine Pferde angespannt, nimmt

# AUF SCHIFFEN UND ROLLWÄGEN

er sein Post-horn gleich zur Hand und bla-set und

bla-set: tru-da-la-la-la, tru-la-la-la-la-la.

2. Dann kommt ein junger Paſſagier, wenn ich beginn zu fahren, mit ſeinem Liebchen her zu mir und ſetzt ſich in den Wagen. Ich laß den Pferden ihren Lauf und fahre, was ich kann, darauf und blaſe :|: trudallala, trudallala. :|

3. Kaum bin ich einen Büchſenſchuß vom Platze ausgefahren, ſo hör ich einen ſüßen Kuß gleich hinter mir im Wagen. Drauf ſing ich fröhlich trallala und lach ins Fäuſtchen hopſaſa und blaſe und blaſe :|: trudallala, trudallala. :|

4. Komm ich ins Poſthaus dann zurück, laß ich die Pferdchen ſaufen, kommt aus der Schenke, welch ein Glück, mein Mädchen hergelaufen. Wir küſſen uns ein-, zwei-, dreimal, es wird mir warm, ich fang dann an und blaſe und blaſe :|: trudallala, trudallala. :|

---

Bayriſches Volkslied, 1830.

1. Als wir jüngſt in Regensburg waren, ſind wir über den Strudel gefahren; da warn viele Holden, die mitfahren wollten: ſchwäbiſche, bayriſche Dirndel, juchheiraſſa, muß der Schiffsmann fahren.

2. Und vom hohen Bergesſchloſſe kam auf ſtolzem, ſchwarzem Roſſe adlig Fräulein Kunigund, wollt mitfahren über Strudels Grund. Schwäbiſche uſw.

3. „Schiffsmann, lieber Schiffsmann mein, ſollts denn ſo gefährlich ſein? Schiffsmann, ſag mirs ehrlich, iſts denn ſo gefährlich?" Schwäbiſche uſw.

4. „Wem der Myrtenkranz geblieben, landet froh und ſicher drüben; wer ihn hat verloren, iſt dem Tod erkoren." Schwäbiſche uſw.

5. Als ſie auf die Mitt gekommen, kam ein großer Nix geſchwommen, nahm das Fräulein Kunigund, fuhr mit ihr in des Strudels Grund. Schwäbiſche uſw.

6. Und ein Mädel von zwölf Jahren iſt mit über den Strudel gefahren; weil ſie noch nicht lieben kunnt, fuhr ſie ſicher über Strudels Grund. Schwäbiſche uſw.

# AUF SCHIFFEN UND ROLLWÄGEN

Von der Lahn.

1. Lu - ſtig iſts Ma - tro - ſen - lebn, hal - to - jo, iſt mit lau - ter Luſt um - gebn, hal - to - jo. Bald nach Sü - den, bald nach Nord, hal - to - jo, trei - ben uns die Wel - len fort, hal - to - jo, an ſo manchen ſchö-nen Ort, hal - to - jo, hal - to - jo, holt - jo!

2. Hat das Segel Wind gefaßt, ſo beſteigen wir den Maſt. Sei zufrieden, Kapitän, Wind und Wetter werden ſchön, laßt die Fahnen luſtig wehn!

3. Kommen wir nach Engelland, iſt Matroſen wohlbekannt, kehren wir zur Stadt hinein, wo die ſchönen Mädchen ſein, und man führt uns hübſch und fein.

4. Eins, das macht mir viel Verdruß, weil ich von der Liebſten muß. Fiſchlein ſchwimmen in dem Bach, Liebchens Tränen ſchwimmen nach und zuletzt ein heißes Ach.

5. Aus iſt nun das Schiffmannslied; er nimmt von der Welt Abſchied. Ziert ſein Grab kein Leichenſtein, frißt der Haifiſch ſein Gebein, er wird dennoch ſelig ſein.

## SPINNSTUBE

Lochheimer Liederbuch.

1. Ich spring an diesem Ringe des besten, so ichs kann, von hübschen Fräulein singe, als ichs gelernet han; ich ritt durch fremde Lande, da sah ich mancherhande, da ich die Fräulein fand.

2. Die Fräuwelein von Franken, die siech ich allzeit gern; nach ihn stehn mein Gedanken, sie geben süßen Kern. Sie sein die feinsten Dirnen; wollt Gott, ich sollt ihn zwirnen, spinnen wollt ich lern.

3. Die Fräuwelein von Schwaben, die haben golden Haar, sie dürfens frischlich wagen, sie spinnen über lar; wer ihn den Flachs will schwinge, der muß sein nit geringe, das sag ich euch fürwahr.

4. Die Fräuwelein vom Rheine, die lob ich oft und dick; sie sind so hübsch und feine und geben freundlich Blick; sie können Seiden spinnen, die neuen Liedlein singen, sie seind der Lieb ein Strick.

5. Den Fräuwelein soll man hofieren allzeit und weil man mag, die Zeit, die kummet schiere, es wird sich alle Tag; nun bin ich worden alte, zum Wein muß ich mich halte, alldieweil ich mag.

# SPINNSTUBE

Aus dem Bergischen.

1. {„Spinn, spinn, meine liebe Tochter, ich kauf dir n Paar Schuh."
„Ja, ja, liebe, liebe Mutter, auch Schnallen dazu!"}

Ich kann ja nicht spinnen, es schmerzt mich mein

Finger und tut und tut und tut mir so weh."

2. „Spinn, spinn, meine liebe Tochter, ich kauf dir n Paar Strümpf." „Ja, ja, liebe, liebe Mutter, auch Zwickeln darin! Ich kann ja nicht usw.

3. „Spinn, spinn, meine liebe Tochter, ich kauf dir ein Kleid." „Ja, ja, liebe, liebe Mutter, nicht zu lang und nicht zu weit! Ich kann ja nicht usw.

4. „Spinn, spinn, meine liebe Tochter, ich kauf dir nen Mann." „Ja, ja, liebe, liebe Mutter, dann streng ich mich an. Ich kann ja schon spinnen, es schmerzt mich kein Finger und tut und tut und tut nicht mehr weh."

Aus Wonfurt in Franken.
Nach Ditfurth, Fränkische Volkslieder.

1. { Ei Büble, wennst mich so gern häst—verstehst?—so kämst nit so selten zu mir,
wennst allweil mit andern umgehst—verstehst?—so ist mir nit gholfa mit dir. }

Mit dein schön Be-

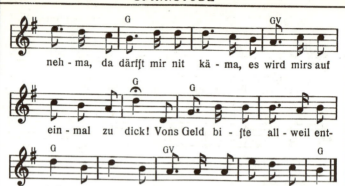

neh - ma, da därfſt mir nit kä - ma, es wird mirs auf ein - mal zu dick! Vons Geld bi — ſte all - weil ent - blößt — verſtehſt? — da macht mers auch wei-ters kein Glück.

2. Du biſt halt ſo ſtolz auf den Größ — verſtehſt? — da iſt mir nit gholfa damit. Wennſt allweil die Schulden nit häſt — verſtehſt? — ſo häſt vorn Leuten den Fried. Gelt du, Kummradel, i bin dirs a Madel, i tät dir ja alls auf der Welt. I hätt dirs dein Röckl ausglöſt — verſtehſt? — und zahlet dem Schneider das Geld.

3. Du redſt, als wennſt noch ſo viel häſt — verſtehſt? — I ſeh wohl, i därf dir nit traun. Die Luft, die kommt her von der Weſt — verſtehſt? — geh, laß mirs dein Hösli anſchaun! Ins Wirtshaus tuſt laufen, das Geld tuſt verſaufen, die halbe Nacht bleibſte oft aus; wennſt nit allweil die Hösli voll häſt — verſtehſt? — ſo hätt i kein Arbeit im Haus.

4. I bin nun von dir entblößt — verſtehſt? — um dir iſts ja ewig nit ſchad. Mein Herz iſt ſchon wieder getröſt — verſtehſt? — weil i ſchon ein andern Bua hab. Solch blitzdumme Sachen, die därf er nit machen, Geld hat er ja allweil grad gnua; er hat ja dein nämliche Größ — verſtehſt? — und iſt a herzlicher Bua.

Aus Heſſen-Naſſau.

1. { Es ſoall ſich doach Kaa - ner meat dr Läi - be oab - gea - we,
däi brengt joa ſu man - che ſchii - ne Ker - le ims Lea - we. }
Do hoat mr mai

## SPINNSTUBE

Trut-schel die Läib oab-ge-saat, aich hun se ver-klaat, aich hun se ver-klaat.

2. Wäi harr aich doach immer doas Maadche su gern, däi soallt joa aach endlich mai Fraache wern. Do plookt se dr Daiwl unn woallt maich näit mii, doas wor joa näit schii.

3. Woas hun aich dem Maadche vor Bänder gekaaft unn hun se su manchmal im Appelwai versaaft. Unn als mr minanner vom Maad haam sai gange, do woallt aich säi fange.

4. Drim dout mr aach immer mai Herzi su wih, dr Dokter, der soall aach baal üwer mich gih. Aich kann näit mii spoarn, aich kann näit mii werbe, aich muß etz baal sterwe.

5. Eann sain aich gestorwe, su loaßt maich begroawe, unn loaßt mr vom Schreiner sechs Däile oabschoawe, unn loaßts aach e bissi meat Bleach beschloage, daß die Leut denooch frooge.

6. Vergeaßt aach net, eabbes uffs Groabloch se seatze, n schnieweiße Staa met moarmerne Featze, unn loaßt aach zwa feurige Herze druff moale, aich wills joa bezoahle.

7. „Häi lair er, der Kerl, der an dr Laib eas gestoarwe, e prächtiger Kerle, der sich vill hat erwoarwe. He ging immer su fai um, su waiß wäi die Kraire." Daß loaßt nur druff schraiwe!

Aus Niederösterreich.
Münchener Liederblatt.

1. „Do drobn af dem Bergal, gu - gu, do steht a kloans

Wu-zerl wia du, do steht a kloans Wuzerl wia du.

2. Steig oba, mei Wuzerl zu mir, i kaaf da an Wei und a Bier.

3. I schenk da a Nuß und an Kern, wannst anderst mei Schatzerl wüllst wern."

4. „Eh daß i an Wittiber nahm, eh häng i mi zhöchst an an Baam.

5. Mei Herzal, mei Herzal is trei, a Schlößerl, a Schlößerl dabei.

6. An oanziger, oanziger Bua hots Schlüßerl, hots Schlüßerl dazua."

2. Die Leute tun oftmals sagen, du hätteft ein anderes Lieb. Doch glaub ich es nicht, bis daß es geschieht, |: mein Herze bleibt immer vergnügt. :|

3. Glaub nicht den falschen Zungen, die meiner und deiner nichts gunnen, bleib ehrlich und fromm, bis daß ich wiederkomm, |: drei Jahre gehen bald herum. :|

4. Und wenn ich dann wiederkomme, mein Herz ist vor Freuden so voll; deine Äuglein so klar, dein schwarzbraunes Haar |: vergnügen mich tausendmal. :|

# SPINNSTUBE

Aus Schlesien, 1840.

1. Ein Bäum - lein ſtand im tie - fen Tal,

al - le - wei - le bei der Nacht; ein Bäum - lein

ſtand im tie - fen Tal, war o - ben breit und

un - ten ſchmal, ei - ne Weil und al - le - weil und

al - le - wei - le bei der Nacht.

2. Es hing ein ſchöner Apfel dran, alleweile ... er fiel herunter ins tiefe Tal, eine Weil und alleweil ...
3. Ich ging vorbei und las mirn auf und ich mirn in mein Lädlein ſchloß.
4. Ich ſchloß mein Lädlein auf und zu, der Apfel ließ mir keine Ruh.
5. Ich ſchnitt den Apfel mitten entzwei und gab meim Schatz den größten Teil.
6. Die Körner, die warn ſüße, ſie fieln mir vor die Füße.
7. Sie fielen in Nachbars Gärtelein, es wuchſn ein Paar ſchöne Schnättelein.
8. Ich brach mir ab ein Zweigelein und legte mirs in mein Bettelein.
9. Und wie ich nun erwachte, da lag der Zweig und lachte.

2. "Ach Tochter, liebe Tochter, den Rat, den geb ich dir, laß du den Roten laufen und bleib daheim bei mir."

3. "Ei Mutter, liebe Mutter, der Rat, der iſch net guet, der Rote iſch mer lieber als all dei Hab und Guet."

4. "Und iſch der Rot dir lieber als all mein Hab und Guet, ſo pack nur gleich dein Bündel und lauf dem Roten zue!"

## SPINNSTUBE

2. Fahr im Schiffli übern See, um die schönen Maidli z seh.
3. "Hansli, trink mer nit zu viel, s Galdi mueß verdienet si."
4. "Maidli, laß das Gambele goh, s Gambele wird dir scho vergoh."

Nach Ditfurth, Hundert Lieder des 16. und 17. Jahrhunderts.

1. "Han-sel, dein Gre-te-lein ist ein fauls Schlamperlein, wird nichts be-schaf-fen." "Mut-ter, was den-ket ihr? Grad so ge-fal-lets mir, kann ich lang schla-fen."

2. "Hansel, dein Gretelein hinkt ja auf einem Bein, laß dich doch bitten!" "Mutter, das macht nichts aus, bleibt sie mir brav im Haus, brauchs nicht zu hüten."

3. "Hansel, dein Gretelein wird bald halb blind schon sein, wie solls da gehen?" "Mutter, das ist erst recht, bei Leib nicht haben möcht, daß alls tät sehen."

4. "Hansel, dein Gretelein hat ja kein Hellerlein, kommst gleich in Sorgen." "Mutter, und hats kein Geld, ists auch nicht groß gefehlt, könnens ja borgen."

5. "Hansel, dein Gretelein soll eine Furi sein, prügeln und kratzen." "Mutter, das frischt die Lieb, dreimal für jeden Hieb werd sie abschmatzen."

6. "O du dummes Hanselein, so nimm dein Gretelein, hab dir ein Schelle!" Hansel nahms Gretelein, hupft in den Himmel nein, plumpt in die Hölle.

## SOLDATENLIEDER

Aus Gent. Das „Heidenlied".

1. O vij-and, wat valsch hebt gij in uw gedacht! O, vliet, weet gij niet, de leeuw is op-ge-wakt! Hij brie-schet en verscheurt, sijn kuijl word nu uw graaf,*) ent wal-sche vlaas**) is voor de vlaam-sche raaf!***)

2. O vijand, hoe stout gij tracht wel naar der slag†). Mer hebt acht, naar der naght komt onsen goeden dag. Uit Vlaandren komt gij niet, der hammer sal u slaan, met Vlaandrens mannen is God en Wodan!

Derb und kräftig. 1518.

1. Gott gnad dem großmächtigsten Kai-ser frum-me Ma-xi-mi-lian, von dem ist auf-kum-me ein Or-den, durchzeucht al-le Land mit Pfei-fen und mit

\*) Er brüllt und er zerreißt, seine Höhle wird euer Grab.
\*\*) Fleisch.
\*\*\*) Rab.
†) Schlacht.

# SOLDATENLIEDER

Trum - - - men, Landsknecht seind sie ge-nannt.

2. Fasten und beten lassen sie wohl bleiben und meinen, Pfaffen und Münnich sollens treiben; die haben davon ihren Stift, daß mancher Landsknecht frumme im Gartsegel umbschifft.

3. In Wammes und Halbhosen muß er springe, Schnee, Regen, Wind, alles achten geringe und hart liegen für gute Speis, gar mancher wollt gern schwitzen, wenn ihm möcht werden heiß.

4. Erstlich muß er ein Weib und Flaschen haben, darbei einen Hund und einen Knaben. Das Weib und Wein erfreut den Mann, der Knab und Hund soll spüren, was in dem Haus tut stahn.

5. Das war der Brauch, Gewohnheit bei den Alten, also soll es ein jeder Landsknecht halten. Würfel und Karten ist ihr Geschrei; wo man hat gute Weine, sollen sie sitzen bei.

6. Da sollen sie von Stürmen, Schlachten sage, des müssen sie warten Nacht und Tage, darumb so tut ihnen Lermens Not, wie man mit langen Spießen Prozessiones hot.

7. Wenn sie dann ihre Kapitel wöllen halte, mit Spieß und Helleparten sicht mans balde zum Fähnlein in die Ordnung stahn. Dann tut der Hauptmann sagen: „Die Feind wöll wir greifen an!"

8. Darnach hört man das groß Geschütz und kleine, „Her! Her!" schreien die Frummen allgemeine. So hebt sich an das Ritterspiel. Mit Spießen und Helleparten sieht man ihn fechten viel.

9. „Lerman, lerman!" hört man die Trummen spechte, dabei setzens die ihre Rechte. Ein grüne Heid ist Richters Buch, darein schreibt man die Urteil, bis einem rinnts Blut in d Schuch.

10. Erst hebt sich an die Klag der treuen Frauen, ein jede tut nach ihrem Mann umbschauen; welcher der ihr ist blieben tot, darf nit vor Schanden lachen, bis sie einen andern hot.

11. Darnach helfen sie das Requiem singen, sie spricht: „Junger Mann, ich wills euch bringen!" So hat dann alte Lieb ein End, und in dem Konfessione wird ein neues Regiment.

12. Das ist der Kriegsleut Observanz und Rechte, sang Jörg Graff, ein Bruder aller Landsknechte. Unfall hat ihm seine Freud gewendet, wär sunst im Orden blieben willig bis an sein End.

Landsknechtsmarsch, 16. Jahrh. Nach Forster.

1. Wir zo - gen in das Feld, wir

# SOLDATENLIEDER

zo - gen in das Feld, da hättn wir we - der Säckl noch Geld. Stram - pe - de - mi, a - la - mi pre - sen - te al vo - stra sig - no - ri.

2. |: Wir kamen vor Siebentod, :| da hättn wir weder Wein noch Brot. Stram-pe-de usw.

3. |: Wir kamn vor Friaul, :| da hättn wir allesamt groß Maul. Stram-pe-de usw.

Lied auf den Sturm von Belgrad 1717.

1. Prinz Eugenius, der edle Ritter, wollt dem Kaiser wiedrum kriegen Stadt und Festung Belgrad. Er ließ schlagen einen Brucken, daß man kunnt hinüberrucken mit der Armee wohl für die Stadt.

2. Als der Brucken nun war geschlagen, daß man kunnt mit Stück und Wagen frei passiern den Donaufluß: bei Semlin schlug man das Lager, alle Türken zu verjagen, ihn zum Spott und zum Verdruß.

3. Am einundzwanzigsten August soeben kam ein Spion bei Sturm und Regen, schwurs dem Prinzen und zeigts ihm an, daß die Türken futragieren, soviel als man kunnt verspüren, an die dreimalhunderttausend Mann.

4. Als Prinz Eugenius dies vernommen, ließ er gleich zusammenkommen sein General und Feldmarschall. Er tät sie recht instruieren, wie man sollt die Truppen führen und den Feind recht greifen an.

5. Bei der Parole tät er befehlen, daß man sollt die Zwölfe zählen bei der Uhr um Mitternacht. Da sollt alls zu Pferd aufsitzen, mit dem Feinde zu scharmützen, was zum Streit nur hätte Kraft.

6. Alles saß auch gleich zu Pferde, jeder griff nach seinem Schwerte, ganz still rückt man aus der Schanz. Die Musketier wie auch die Reiter täten alle tapfer streiten; es war fürwahr ein schöner Tanz.

7. Ihr Konstabler auf der Schanzen, spielet auf zu diesem Tanzen mit Kartaunen groß und klein, mit den großen, mit den kleinen auf die Türken, auf die Heiden, daß sie laufen all davon.

## SOLDATENLIEDER

8. Prinz Eugenius wohl auf der Rechten tät als wie ein Löwe fechten als General und Feldmarschall. Prinz Ludwig ritt auf und nieder: „Halt euch brav, ihr deutschen Brüder, greift den Feind nur herzhaft an!"

9. Prinz Ludwig, der mußt aufgeben seinen Geist und junges Leben, ward getroffen von dem Blei. Prinz Eugenius ward sehr betrübet, weil er ihn so sehr geliebet, ließ ihn bringen nach Peterwardein.

Die Belagerung von Lille, 1708. Erk-Böhme.

1. „Lille, du aller-schönste Stadt, du, du bist so fein und glatt. Schau-e meine Liebes-flammen, ich lieb dich vor allen Damen, mein herz-aller-schönster Schatz, schönster Schatz, mein herz-aller-schönster Schatz!"

2. „Lieber Herr, was saget ihr? Wer seid ihr? Was macht ihr hier? Was die Reuter, die Soldaten, eure tapfre Kameraden? Liebster, das erzählet mir!"

3. „Ich bin der Savoyer Held, bekannt genug in aller Welt, Prinz Eugenius genennet, der in deiner Liebe brennet, Lille, mein allerschönste Braut!"

4. „Lieber Herr, fort packet euch! Gehet in das deutsche Reich; denn ich habe zum Galanten, zum Gemahl und Caressanten König Ludwig von Frankereich."

5. „Lille, sei nicht so stolz und frech, weise mich nicht von dir weg! Sieh, ich will dich bombardieren, deine Mauern ruinieren und zerschießen Stein für Stein."

6. „Ihr Konstabler, frisch daran, feuert, hunderttausend Mann, donnert, daß es kracht, in Flammen Lille, die schöne Stadt, zusammen!" „Lille, du allerschönstes Weib!

7. Lille, mein Engel und mein Lamm, ich weiß dir ein Bräutigam, Carolus, der Weltbekannte, ich bin nur sein Abgesandte und des Kaisers General."

8. „Ei wohlan, so soll es sein! Carolus sei der Liebste mein; denn der Ludewig veraltet, und die Lieb ist ganz erkaltet, Karl ist noch ein junger Held."

Text entstanden um 1620. Mel. von Silcher.

1. Kein schönrer Tod ist in der Welt, als auf grüner Heid, im breiten Feld darf wer vorm Feind erschlagen / nicht hörn groß Wehklagen. Im engen Bett nur einr allein muß an den Todesreihen. Hier findet er Gesellschaft fein, falln wie die Kräuter im Maien.

2. Manch frommer Held mit Freudigkeit hat zugesetzt Leib und Blute, starb selgen Tod auf grüner Heid dem Vaterland zugute. Kein schönrer Tod ist in der Welt, als wer vorm Feind erschlagen auf grüner Heid, im freien Feld darf nicht hörn groß Wehklagen.

3. Mit Trommelklang und Pfeifengetön manch frommer Held ward begraben, auf grüner Heid gefallen schön, unsterblichen Ruhm tut er haben. Kein schönrer Tod ist in der Welt, als wer vorm Feind erschlagen auf grüner Heid, im freien Feld darf nicht hörn groß Wehklagen.

# SOLDATENLIEDER

1. Frisch auf, Sol-da-ten-blut, faßt ei-nen fri-schen Mut! Und laßt euch nicht er-schüt-tern, wann schon Ka-no-nen zit-tern. Schla-get nur tap-fer drein, ich will der er-ste sein!

2. Die Trommel rühret sich, ihr Klang ist fürchterlich. Man sieht fast keinen Boden vor Sterbenden und Toten. Hier liegt ein Fuß, ein Arm, o, daß es Gott erbarm!

3. Wie mancher wird bestürzt und mit seim Blut gesprützt. Er faltet seine Hände und seufzet nach seim Ende. Sein Lauf ist nun vollbracht. O Jüngling, gute Nacht!

4. Wie manche junge Braut, die weinet überlaut. Den sie so treu geliebet, ist in der Schlacht geblieben, sein Lauf ist nun vollbracht. O Schätzeli, gute Nacht!

1. Ich bin ein jung Sol-dat von ein-und-zwan-zig Jah-ren, ge-

# SOLDATENLIEDER

bo-ren in der Schweiz, das ist mein Hei-mat-land, ge-

bo-ren in der Schweiz, das ist mein Hei-mat-land.

2. Den Doktor holt geſchwind, der mich zur Ader laſſe, meine Lebenszeit iſt aus, ich muß ins Totenhaus.

3. Hier liegt mein Säbel und Gewehr und alle meine Kleider. Jetzt kommen ſie daher; ich bin kein Kriegsmann mehr.

4. Mit Trommel- und Pfeifenſpiel, ſo ſollt ihr mich begraben. Drei Schüſſ ins ſtille Grab, die ich verdienet hab.

Seſenheimer Liederbuch 1771.

1. O Straß-burg, o Straß-burg, du wun-der-ſchö-ne Stadt, dar-in-nen liegt be-gra-ben ſo man-ni-cher Sol-dat, dar-dat.

2. So mancher, auch ſchöner und tapferer Soldat, der Vater und lieb Mutter böslich verlaſſen hat.

3. Verlaſſen, verlaſſen, es kann nicht anders ſein, zu Straßburg, ja zu Straßburg Soldaten müſſen ſein.

4. Der Vater, die Mutter, die gingen vors Hauptmanns Haus: „Ach Hauptmann, lieber Hauptmann, gebt uns den Sohn heraus!"

5. „Euern Sohn kann ich nicht geben für noch ſo vieles Geld, euer Sohn, und der muß ſterben im weiten, breiten Feld."

6. Im weiten, im breiten, all vorwärts vor dem Feind, wenn gleich fein schwarzbrauns Mädel so bitter um ihn weint.

7. Sie weinet, sie greinet, sie klaget allzusehr. „Gut Nacht, mein herzlieb Schätzel, ich seh dich nimmermehr."

Auf fliegenden Blättern, Ende des 18. Jahrh.
Volksmel. aus dem Hessischen.

1. Zu Straß-burg auf der Schanz, da ging mein Trau-ern an. Da wollt ich den Franzosn de-ser-tiern und wollts bei den Preu-ßen pro-biern, das ging nicht an, das ging nicht an.

2. Ein Stund wohl in der Nacht habens mich gefangen bracht; sie führten mich vors Hauptmanns Haus; o Gott, was soll werden daraus! Mit mir ists aus!

3. Früh morgens um zehn Uhr stellt man mich dem Regimente vor; da soll ich bitten um Pardon und werd doch kriegen meinen Lohn, das weiß ich schon.

4. Ihr Brüder allzumal, heut seht ihr mich zum letztenmal. Unser Korporal, der gstrenge Mann, ist meines Todes Schuld daran, den klag ich an.

5. Ihr Brüder alle drei, ich bitt, schießt allzugleich! Verschont mein junges Leben nicht, schießt, daß das rote Blut rausspritzt, das bitt ich euch!

6. O Himmelskönigin, nimm du mein Seel dahin! Nimm sie zu dir in Himmel hinein, allwo die lieben Englein sein, und vergiß nicht mein!

## SOLDATENLIEDER

Aus Niederösterreich. Preiß, Singbuch.

1. Jetzt geht der Marsch ins Feld, der Kaiser braucht Soldaten, Soldaten müssen sein; der Kaiser, der tut schlafen, Soldaten müssen wachen, dazu sind sie bestellt, dazu sind sie bestellt.

2. Der Kaiser sitzt am Thron, in der einen Hand das Zepter, denn er, er trägt die Kron, in der andern Hand das lange, blanke Schwert, das nichts als Krieg und Streit begehrt, |: kein Frieden und kein Pardon. :|

3. Jetzt steht die Zeit am Rain, des Kaiser Franzens Töchterlein Marie-Louis, du ghörest mein; ganz Frankreich ist mein eigen, Haus Östreich ist mein eigen, |: vereinigt muß es sein. :|

1. Als die Preußen marschierten vor Prag, vor Prag, eine wunderschöne Stadt, sie

## SOLDATENLIEDER

ha-ben ein La-ger geschla-gen, mit Pul-ver und Blei wards be-tra-gen, Ka-no-nen wur-den auf-ge-führt, Schwe-rin, der hat sie kom-man-diert.

2. Einen Trompeter schickten sie hinein, ob sie das Prag wollten geben ein, oder ob sie es sollten einschießen. — „Ihr Bürger, laßts euch nicht verdrießen! Wir wollns gewinnen mit dem Schwert; es ist ja viel Millionen wert."

3. Der Trompeter hat Order gebracht und hats dem König selber gesagt: „O König, großer König auf Erden, dein Ruhm wird dir erfüllet werden! Sie wolln das Prag nicht geben ein, es soll und muß geschossen sein!"

4. Darauf rückte Prinz Heinrich heran, rückte an mit vierzigtausend Mann. Und als Schwerin das hatte vernommen, daß der Succurs war angekommen, da schossen sie wohl tapfer drein: „Bataille muß gewonnen sein!"

5. Die Bürger schrien: „Daß Gott erbarm! Wie macht uns doch der Fritz so warm! Wir wollten ihm das Prag gern eingeben; verschon er uns doch nur das Leben!" Der Kommandant, der gings durchaus nicht ein; es soll und muß geschossen sein!

6. Hierauf ward ein Ausfall gemacht; Schwerin, der führt, ja führt die Schlacht. Potz Donner, Hagel, Feur und Flammen! so schossen sie die Festung zusammen. Und bei so großer Angst und Not Schwerin, der ward geschossen tot.

7. Da fing der König wohl an: „Ach, ach, was habn die Feind getan! Meine halbe Armee wollt ich drum geben, wenn mein Schwerin noch wär am Leben; er war allzeit ein tapfrer Held, stand allezeit bereit im Feld."

8. Ei, wer hat denn das Liedlein erdacht? Wohl drei Husaren, die habens gemacht; bei Lobositz sind sie gewesen, in Zeitungen habn sies gelesen. Triumph, Triumph, Viktoria! Es lebe der große Friedrich allda!

# SOLDATENLIEDER

Aus der Gegend von Baireuth.
Ditfurth, Fränkische Volkslieder.

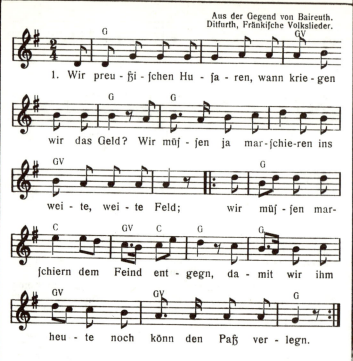

1. Wir preu-ßi-schen Hu-sa-ren, wann krie-gen wir das Geld? Wir müs-sen ja mar-schie-ren ins wei-te, wei-te Feld; wir müs-sen mar-schiern dem Feind ent-gegn, da-mit wir ihm heu-te noch könn den Paß ver-legn.

2. Wir haben ja ein Glöcklein, das läutet so hell, das ist ja überzogen mit lauter gelbem Fell; |: und wann man das Glöcklein nur läuten, läuten hört, da heißt es: Husaren, geschwind auf eure Pferd! :|

3. Auch haben wir ein Bräutlein uns auserwählt, das lebet und das schwebet ins weite, breite Feld. |: Das Bräutlein, das wird Standarte genannt, die ist uns Husaren gar wohl bekannt. :|

4. Und als nun die Schlacht vorüber war, drin einer den andern wohl sterben sah, |: schrie einer zum andern: ach Jammer, Angst und Not, mein lieber Kamerade, der ist geblieben tot! :|

5. Das Glöcklein, das klinget nun aber nicht so hell, es ist ihm ja zerschossen sein goldig gelbes Fell; |: das silberne Bräutlein, das ist uns doch gebliebn, es tut uns ja winken, was hilft denn das Betrübn. :|

6. Und wer sich in preußische Dienste will begebn, der soll sich sein Lebtag kein Weibl nicht nehmn; |: er soll sich nicht fürchten vor Regen, Sturm und Wind, und bleiben ganz verständig, fein hurtig und geschwind. :|

## SOLDATENLIEDER

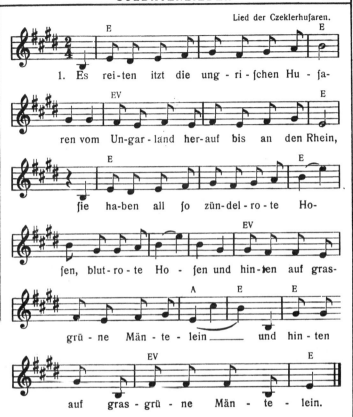

Lied der Czeklerhuſaren.

1. Es rei-ten itzt die ung-ri-ſchen Hu-ſa-ren vom Un-gar-land her-auf bis an den Rhein, ſie ha-ben all ſo zün-del-ro-te Ho-ſen, blut-ro-te Ho-ſen und hin-ten auf gras-grü-ne Män-te-lein und hin-ten auf gras-grü-ne Män-te-lein.

2. Voraus da reiten die Trompeter, die haben alle lichte Schimmelein, und hinterdrein auf einem Rappen, kohlſchwarzen Rappen, reit der Profoß und ſchaut ſo trutzig drein.

3. Speck, Schnaps und andre ſcharfe Sachen, das mögen die Huſaren alle ſehr, und mit eim Päckle guten Tobak, recht ſtarken Tobak, legt man bei ihnen ein gar große Ehr.

4. Fällt ein Huſar, ſo reit er gleich in Himmel, ein andrer nur verlieret Arm und Bein; denn davor ſeind der Feldkaplan und Feldſcher, der gwampet Feldſcher, weil die für Leib und Seel bezahlet ſein.

5. Auch viel Vorliebens haben die Huſaren vom Ungarland herauf bis an den Rhein, und s wird ſo mannigs Mädle fragen, langzopfets Mädle fragen, wo werden itzo die Huſaren ſein?

# SOLDATENLIEDER

1. Brü-der, Brü-der, wir müſ-ſen zie-hen in den Krieg. Wer weiß, wann wir zie-hen in den Krieg? Wer wird den Tag er-for-ſchen, wer wird den Tag er-for-ſchen, wann wir zie-hen in den Krieg?

2. Jetzt ziehen wir zum Tor hinaus. Vater, Mutter, einen Gruß zuhaus! |: Wann kommen wir wiedrum zuſammen? :| In der Ewigkeit.

3. Ach Gott, wie ſieht der Himmel ſo rot, roſenrot als eine Glut! |: Das bedeutet Soldatenblut. :| Erbarm ſich Gott!

1. Jatz wölln mar gien n Fran-zo-ſen z-gö-gen

## SOLDATENLIEDER

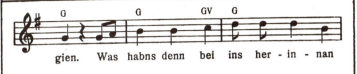
gien. Was habns denn bei ins her-in-nan

z tien? Es hat fie ei-nar blangt, wir habn fie

nit ver-langt, fo kam an ia-der Nar, fraß ins mit

Haut und Haar! Dös geaht nit, ei ja-woll, woll! in Ti-rol!

2. Dö Brixner, dö larmen nit faſt, da habens plündert, was d geiſt und was d haſt, gſoffen aus in Wein, die Banzen gſchlagen ein, die Kaſten angehakt, die Kraizer außer zwackt und gnummen krad s Aller- |: böſt, :| dös warn Göſt!

3. Z Michael untn, Bua, da hat mi grauſt, da hobn dar die Lumpn ghauſt; den armen Patern droant ja gor die Kirch nit gſchont, s Zibori außergriffen, die Hoſchtn ummergſchmiſſen; iſcht dös nit a Gſchpötta, |: pfui! :| meiner Trui!

4. Au Mander, ſchaugts, s Wötter kimb woltan grob, es ſteigt ſchon dahear auar blitzblow: voarum d Reiterei, die Sabl glitzn frei; loſt nu, es ſchnölln ſchoan, die Büxn groaß und kloan, gragg, grigg, gragg, pum! |: pum! :| umadum.

5. Jaz Brüaderlen nemmt d Rear in die Händ, laſt ihnen zgögen, ſoviel as ös kennt: höbs au die Kolbn gſchwind, ſchlagt ihnen aſ die Grind, rennt mitn Griesbeil drein, denn gſchlachtigt mueß es ſein: Zwui*) laſſens s Vieh und die |: Leit :| nit inkeit.**)

6. Juhe, Viktoria, der Feind iſt grieben au, ear laſt, moan i, ban Loch aus, drau, drau. Vivat der Koaſer Franz, ihm ghear mar wieder ganz! Laudon und Kerpen, enk bleibts Landl eingedenk, und du, Lehrbach, leb fein |: gſund, :| ſteif und rund!

---

*) Warum.
**) In Ruhe.

1. Ihr lustigen Hannoveraner, seid ihr alle beisammen? Ei, so lasset uns fahren mit Roß und mit Wagen nach unserm Quartier! Lustge Hannoveraner, die sein wir!

2. Es hat sich das Trömmlein schon zweimal |: gerühret. :| Schon zweimal gerühret, da heißt es marschieret hinaus vor die Stadt, wo der Feind sich gelagert hat.

3. Und als wir kamen vor das Tor, links und rechts da stand das Jägerkorps. Und da sahn wir von weitem unsern Herzog schon reiten, er ritt auf seinem Grenadier. Lustge Hannoveraner, die sein wir!

4. Ach, seht einmal, wie so liebreich unser Fähnrich tut schwenken! Er schwenkt seine Fahne wohl über die Husaren, wohl über das ganze Heer. Lustge Hannoveraner, die sein wir!

1. Des Morgens zwischen drein und vieren, da müssen wir Soldaten marschieren die Gäßlein

## SOLDATENLIEDER

auf und ab, mein Schät-zel fieht her-ab. Tra-li-

la-la-la, Tra-li - la-la-la, mein Schätzel fieht her - ab.

2. „Ach Bruder, jetzt bin ich gefchoffen, die Kugel hat mich schwer getroffen. Trag mich in mein Quartier, es ift nicht weit von hier."

3. „Ach Bruder, ich kann dich nicht tragen, die Feinde haben uns gefchlagen. Helf dir der liebe Gott, ich muß marfchieren in Tod."

4. „Ach Brüder, ihr geht vorüber, ach, wär es mit mir fchon vorüber! Ihr Lumpenfeind feid da, ihr tretet mir zu nah!

5. Ich muß wohl meine Trommel rühren, fonft werde ich mich ganz verlieren, die Brüder dick gefät, fie liegen wie gemäht."

6. Er fchlägt die Trommel auf und nieder, er wecket feine ftillen Brüder. Sie fchlagen ihren Feind, ein Schrecken fchlägt den Feind.

7. Er fchlägt die Trommel auf und nieder, fie find vorm Nachtquartier fchon wieder, ins Gäßlein hell hinaus, fie ziehn vor Schätzels Haus.

8. Da ftehen morgens die Gebeine in Reih und Glied wie Leichenfteine; die Trommel fteht voran, daß fie ihn fehen kann.

Lied der fchwarzen Hufaren, 1815.

1. Bei Wa - ter - loo, da fiel der er - fte Schuß, er traf un - fern Her - zog durch die Bruft. { Un - fern ach,

# SOLDATENLIEDER

2. Ganz schwarz sind wir montiert, mit Blute ausstaffiert; auf den Czakos tragen wir einen Totenkopf, wir haben verloren unsern Herzog. Wir Schwarzen usw.

3. Herzog Oels, der tapfre Mann, der führte uns Schwarzen an; unser Herzog, und der ist verloren, o, wären wir Schwarzen nicht geboren! Wir Schwarzen usw.

4. Nach Braunschweig brachten sie ihn hinein, da fingen viele Tausend an zu wein. Unser Herzog, und der ist verloren, ach, wären wir Schwarzen nicht geboren! Wir Schwarzen usw.

Aus Bayern. Nach Ditfurth, Fränkische Volkslieder.

## SOLDATENLIEDER

Wre-de nach, Wre-de nach, der für uns ge-won-nen hat die Schlacht. Pa-tri-ot, ſchlag ihn tot, Bo-na-part, den Erz-ku-jon mit der Pic-ke ins Ge-nic-ke, daß er kriegt die ſchwe-re Not!

Fol-gen dem Ge-ne-ral Wre-de nach, Wre-de nach, der für uns ge-won-nen hat die Schlacht.

2. Brüder, haben wir kein Geld, ziehen wir nach Frankreich in das Feld. S jauchzen die uſw.

3. Brüder, haben wir kein Schuh, ſtürmen wir dem Rheine barfuß zu. S jauchzen die uſw.

4. Brüder, haben wir kein Wein, ſchlagen wir den Franzoſen die Fäſſer ein. S jauchzen die uſw.

5. Brüder, ſcheut nicht Schuß noch Stoß, immerfort auf Frankreich los! S jauchzen die uſw.

Aus der Zeit des amerikaniſchen Freiheitskrieges.

1. Ein Schiff-lein ſah ich fah-ren, Ka-pi-tän und Leu-te-nant, dar-in-nen

## SOLDATENLIEDER

2. Was follen die Soldaten effen? Kapitän und Leutenant. Gebratene Fifch mit Kreffen, das follen die Soldaten effen. Kapitän, Leutenant ufw.

3. Was follen die Soldaten trinken? Kapitän und Leutenant. Den beften Wein, der zu finden, den follen die Soldaten trinken. Kapitän, Leutenant ufw.

4. Wo follen die Soldaten fchlafen? Kapitän und Leutenant. Bei ihrem Gewehr und Waffen, da müffen die Soldaten fchlafen. Kapitän, Leutenant ufw.

5. Wo follen die Soldaten tanzen? Kapitän und Leutenant. Vor Harburg auf der Schanzen, da müffen die Soldaten tanzen. Kapitän, Leutenant ufw.

## SOLDATENLIEDER

6. Wie kommen die Soldaten in den Himmel? Kapitän und Leutenant. Auf einem weißen Schimmel, da reiten die Soldaten in den Himmel. Kapitän und Leutenant ujw.

7. Wie kommn die Offiziere in die Höllen? Kapitän und Leutenant. Auf einem ſchwarzen Fohlen, da wird ſie der Teufel ſchon holen. Kapitän, Leutenant ujw.

1849 von Mannheimer Soldaten auf der Rheinfahrt gejungen.

1. Die Reiſe nach Jütland, ei, die fällt uns ſo ſchwer. „Du mein einzig ſchönes Mädchen, wir ſehn uns nicht mehr, du mein einzig ſchönes Mädchen, wir ſehn uns nicht mehr!"

2. „Sehn wir uns nicht wieder, ei, ſo wünſch ich dir Glück." „Du mein einzig ſchönes Mädchen, denk oftmals zurück!"

3. Des Sonntags frühmorgens ſagt der Hauptmann zum Rapport: „Guten Morgen, Kameraden, heut müſſen wir fort."

4. „Ei, warum denn nicht morgen, ei, warum denn grad heut? Denn es iſt ja heute Sonntag für uns junge Leut."

5. Der Hauptmann ſpricht leiſe: „Daran hab ich keine Schuld, denn der Oberſt, der uns führet, hat keine Geduld."

6. Das Schifflein am Strande ſchwankt hin und ſchwankt her, grad als ob im fremden Lande keine Hoffnung mehr wär.

7. Das Schifflein am Strande ſchwankt hin und ſchwankt her. „Du mein einzig ſchönes Mädchen, wir ſehn uns nicht mehr."

2. Und als der achte Mai anbrach, hurra, hurra, hurra, und wir noch bei dem Frühſtück warn, hurra, hurra, hurra, da fing der Dän zu bombardieren an, wir Deutſchen ſchoſſen tapfer gegen an, und er muß weichen mit Hurra!

3. Und als der andre Tag anbrach, hurra, hurra, hurra, und wir das Schlachtfeld genau beſahn, hurra, hurra, hurra, da waren alle Berge ſo rot von lauter, lauter Dänenblut. Sie mußten ſterben mit Hurra!

Stuttgart, Ulm und Straßburg.

1. „Schatz, mein Schatz, rei-ſe nicht ſo weit von mir! Im Ro-ſen-gar-ten will ich dei-ner war-ten, im grünen Klee, im weißen Schnee. Im Schnee."

2. „Mein zu erwarten, das brauchest du ja nicht, geh zu den Reichen, zu deinesgleichen!" „Mir eben recht, mir eben recht."

3. „Ich heirat nicht nach Geld und nicht nach Gut. Eine treue Seele tu ich mir erwähle." „Wers glauben tut, wers glauben tut."

4. „Wers glauben tut, ei, der iſt weit von hier, er iſt in Schleswig, er iſt in Holſtein, er iſt Soldat, Soldat iſt er."

5. „Soldatenleben, ei, das heißt luſtig ſein, da trinken die Soldaten zum Schweinebraten Champagnerwein, Champagnerwein."

6. „Soldatenleben, ei, das heißt traurig ſein, wenn andre ſchlafen, dann muß er wachen, muß Schildwach ſtehn, Patrouille gehn."

7. „Patrouille gehn, das brauchest du ja nicht, wenn dich die Leute fragen, ſo ſollſt du ſagen: Schatz, du biſt mein, und ich bin dein."

8. Wer hat denn dieſes ſchöne, ſchöne Lied erdacht? Drei Goldſchmiedsjungen, die habens geſungen in dunkler Nacht auf kalter Wacht.

## SOLDATENLIEDER

Aus dem Oderbruch. Erk-Böhme.

1. O wun-der-ba-res Glück! Denk doch ein-mal zu-

rück: was hilft mir mein Stu-die-ren, viel

Schu-len ab-sol-vie-ren, bin doch ein Sklav, ein

Knecht; o Him-mel, ist das recht?

2. Vor diesem konnt ich gehn, so weit mein Aug mocht sehn; jetzt hat sichs ganz verkehret, die Schildwach mir verwehret den freien Lauf ins Feld: o, du verkehrte Welt!

3. Schildwache muß ich stehn, davon darf ich nicht gehn. Ja, wenn die Runde käme, und sie mich nicht vernähme, so heißt es: „In Arrest geschlossen hart und fest!"

4. Des Morgens um halb vier, da kommt der Unteroffzier, der tut mich kommandieren vielleicht zum Exerzieren; hab nicht geschlafen aus, muß aus dem Bett heraus.

5. Dann kommt der Herr Sergeant, befiehlet von der Hand: „Polieret eure Taschen und wichset die Gamaschen, den Pallasch blank poliert, daß man kein Fehler spürt!"

6. Nun sieht uns der Offzier und sagt uns mit Manier: „Wirst du nicht deine Sachen in Zukunft besser machen, so wird der Gassenlauf ohnfehlbar folgen drauf!"

# SOLDATENLIEDER

1. Ist es denn nun wirk-lich wahr, was man hat ver-nom-men, daß so vie-le tau-send Mann sind nach Frankreich kommen? Rums vi-de bums, vi-de va-le-ra-le-ra, rums vi-de bums vi-de va-le-ra-le-ra, daß so vie-le tau-send Mann sind nach Frank-reich kom-men?

2. Viel zu Fuß und viel zu Roß vielen zum Verderben, ach, der Kummer war so groß, viele mußten sterben.

3. Mitrailleusen und Chassepots, Turkos und Zuaven, unsre Leute, mutig froh, haben beßre Waffen.

4. Aber du, Napoleon, wie wirds dir ergehen, siehst du nicht bei Mars-la-Tour die Kolonnen stehen?

5. Sedan, große Völkerschlacht, deine Toten leben, Frankreichs ganze Kaisermacht mußte sich ergeben.

6. Tambours wirbeln auf und ab. Vorwärts, Grenadiere! In Paris wird Halt gemacht, da gibts erst Quartiere.

# SOLDATENLIEDER

Aus der Schwalm.

1. Wo bist du denn geblieben, du stolz Napoleon?
   Das Zepter und die Krone war stets dein Eigentum.
   Mit sechsmalhunderttausend Mann bist du herein mar-

2. Bei Sedan und bei Gravelotte, da ging es luſtig her, da ritten die Franzoſen die Kreuz und die Quer. Und alles mußte retirieren, und alles ſchrie hurra, hurra, und als die Franzoſen das hörten, da liefen ſie davon.

3. Ach beſter Bruder Preuße, das hätt ich nicht geglaubt, ich hab auf meiner Reiſe die ganze Welt durchſchaut. Ich dacht, ich ſollte Sieger ſein mit meiner Heeresmacht, und da ſah ich mich betrogen ſchon bei der allererſten Schlacht.

## SOLDATENLIEDER

Krieg wohl auf das Schlacht-feld hin - ge - ftreckt.

2. Kanonenkugeln fauſen durch die Lüfte, die Bajonette ſind ſchon aufgeſteckt; und Siegesfahnen flattern durch die Lüfte, mit Pulverdampf iſt unſer Haupt bedeckt.

3. Darum ihr Brüder, faßt euch frohen Mutes, fürs Vaterland vergießet ihr das Blut. Und ſiegen wir, ſo rufen wirs: hurra, hurra! Als ſtolze Sieger Bayerns ſtehn wir da.

Aus Weſtfalen.

1. Lip-pe - Det-mold, ei - ne wun-der-ſchö-ne Stadt, dar-

in-nen ein Sol-dat. Ei, der muß mar-ſchie-ren

in den Krieg, ei, der muß mar-ſchie-ren in den Krieg, wo

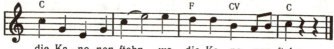

die Ka-no-nen ſtehn, wo die Ka-no-nen ſtehn.

2. Und als er in die große Stadt nein kam wohl vor des Hauptmanns Haus, der Hauptmann ſchaut zum Fenſter raus: „Mein Sohn, biſt du ſchon da?

3. Na, dann geh mal gleich zu deinem Feldwebel hin und zieh den Blaurock an! Denn du mußt marſchieren in den Krieg, wo die Kanonen ſtehn."

4. Und als er in die große Schlacht neinkam, kriegt er den erſten Schuß (Bum! Bum!). Ei, da liegt er nun und ſchreit ſo ſehr, weil er getroffen iſt.

## SOLDATENLIEDER

5. „Ach Kamrad, lieber Kamrad mein, fchreibe du einen Schreibebrief, fchreibe du, fchreibe du an meinen Schatz, daß ich getroffen bin."

6. Und als er diefe Worte ausgefprochen hatte, kriegt er den zweiten Schuß (Bum! Bum!). Ei, da liegt er nun und fchreit nicht mehr, weil er gefchoffen ift.

7. Als das der General erfuhr, da rauft er fich den Bart: „Womit foll ich führen meinen Krieg, weil mein Soldat ift tot!"

Aus der Wetterau.

1. Köln am Rhein, du fchö-nes Städt-chen, ja Köln am Rhein, du fchö-ne Stadt. Und dar-in-nen mußt ich laf-fen mei-nen al-ler-lla-ieb-ften, fchön-ften Schatz.

2. „Schönfter Schatz, du tuft mich kränken viel taufendmal in einer Stund. Willft du mir die Freiheit fchenken, bei dir zu fein ein halbe Stund?"

3. „Die Freiheit, die kannft du haben, bei mir zu fein ein halbe Stund, wenn du mir verfprichft, mir treu zu bleiben bis an die allerletzte Stund.

4. Droben am Himmel ftehn zwei Sterne, die leuchten heller als der Mond, der eine leuchtet in meine Schlafkammer, der andre leuchtet meinem Schatz nach Haus."

5. Pulver und Blei, die muß man haben, wenn man Franzofen fchießen will; fchöne junge Mädchen, die muß man lieben, wenn man fie einftmals heiraten will.

6. Wer hat das fchöne Lied gefungen, wer hat das fchöne Lied erdacht? Zwei Schufterjungen, die habens gefungen zu Köln am Rhein beim Mondenfchein.

# SOLDATENLIEDER

Aus Süddeutschland.

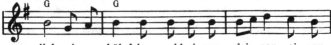

1. Ein ſchwarz-brau-nes Mäd-chen hatt ein Feld-jä-ger lieb, ei-nen hüb-ſchen, wohl ei-nen fei-nen, ei-nen hübſchen, wohl ei-nen fei-nen, ei-nen Feld-of-fi-zier.

2. „Ei, du ſchwarzbraunes Mädchen, trau dem Feldjäger nicht! Denn er ſitzt auf dem Gaule und macht dir das Maule, aber heiraten tut er nicht."

3. „Und der Feldjäger iſt mein, und kein andrer darfs ſein, |: denn er hat mir verſprochen, :| mein eigen zu ſein."

4. „Und jetzt geht es fort, und wir haben kein Brot: |: o du ſchwarzbraunes Mädchen, :| wir leidens keine Not.

5. Jetzt geht es ins Feld, und wir haben kein Geld: |: o du ſchwarzbraunes Mädchen, :| ſo gehts in der Welt."

6. Ein luſtger Soldat hat allzeit die Macht, |: ſchöne Mädchen zu lieben, :| ſeis Tag oder Nacht.

Aus Weſel b. Caub a. Rhein.
Frankfurter Pfingſtfahrt 1911.

1. War einſt ein bay-ri-ſcher Hu-ſar, der liebt ſein Schatz ein gan-zes Jahr, ein gan-zes Jahr und noch viel mehr, die Lieb, ſie nahm kein

## SOLDATENLIEDER

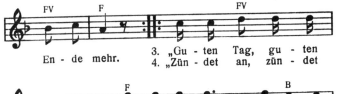

2. Kaum war er drei Tag in der Fremd, so kam ein Brief von Liebchens Händ, sie sei so krank bis in den Tod, drei Tag, drei Nächt sprach sie kein Wort.

3. Darauf bestieg er sein stolzes Roß und ritt damit zu Liebchens Schloß: "Guten Tag, guten Tag, guten Tag, guten Tag, Schwiegermutter mein, was macht denn euer Töchterlein?"

4. "Da droben liegt sie auf weichem Stroh, bis morgen früh ist sie schon tot." "Zündet an, zündet an, zündet an, zündet an, zündet an ein Licht, sonst stirbt mein Schatz, und ich seh ihn nicht.

5. Sechs Bauernburschen sein allzu schlecht, zu tragen mir mein Liebchen weg, und sechs Husaren, die müssens sein, die tragen mir feins Liebchen heim."

# SOLDATENLIEDER

ja, ja du Fei - ne, von Her-zen ge-fal-left du mir, ja mir, von Her-zen ge-fal-left du mir."

2. "Ich brauch dir ja nicht zu gefallen, ich habe ja längft einen Mann. Der ift ja viel fchöner, viel feiner, von Herzen gefallet er mir."

3. Was zog er aus feiner Tafche? Ein Meffer, war fcharf und fpitz. Er ftieß ihr das Meffer ins Herze, das Blut ihm entgegenfpritzt.

4. Und als ers wieder herauszog, das Meffer vom Blute fo rot: ach reicher Gott in dem Himmel, wie bitter wird mir der Tod!

5. So gehts, wenn ein Mädel zwei Buben lieb hat, tut wunderfelten gut. Da haben wirs wieder gefehen, was falfche Liebe tut.

### Das Malbroughlied.

1. Ein Fähndrich zog zum Krie-ge, vi - di-bum val - le-

ra, juch-hei-raf - fa. Ein Fähndrich zog zum Krie-ge, wer

weiß, kehrt er zu-rück, wer weiß, kehrt er zu - rück.

2. Er liebt ein junges Mädchen, die war fo wunderfchön.
3. Sie ftieg auf hohem Berge, dem Fähndrich nachzufehn.
4. "Ach Fähndrich, liebfter Fähndrich, was bringft du Neues mir?"

## SOLDATENLIEDER

5. „Was ich dir Neues bringe, macht dir die Äuglein rot.

6. Der Fähndrich liegt erschossen, er sieht schon längst nicht mehr.

7. Ich sah ihn selbst begraben von vielen Offiziern.

8. Der erste trug sein Degen, der zweite sein Pistol.

9. Der dritte trug sein Küraß, der vierte seinen Helm.

10. Über sein Grab wurd geschossen mit Pulver und mit Blei."

Tübingen.

1. Mus-ke-tier seins lust-ge Brü-der, ha-bens gu-ten Mut, sin-gens lau-ter lust-ge, lust-ge Lie-der, seins den Mäd-chen gut, gut.

2. Unser Hauptmann steigt zu Pferde, führt uns in das Feld. Siegreich wolln wir Frankreich schlagen, sterben als ein tapfrer Held.

3. Mut im Herzen, Geld im Beutel und ein Gläschen Wein, das soll uns die Zeit vertreiben, lustge Musketier zu sein.

4. Haben wir zwei Jahr gedienet, ist die Dienstzeit aus, dann schickt uns der König wieder ohne, ohne Geld nach Haus.

Aus Hessen. Heidelberger Liederblatt.

1. „Schätz-chen, sag, was fehlt denn dir, weil du nicht

## SOLDATENLIEDER

redst mit mir? Gelt, du hast ei-nen an-de-ren

an der Sei-ten, der dir tut die Zeit ver-trei-ben, der dir viel lie-ber ist, der dir viel lie-ber ist."

2. „Nein, ein andern lieb ich nicht, dich aber mag ich nicht." |: „Jetzund gehe ich weiter und werd ein Reiter, :| |: daß du mich nicht mehr siehst. :|

3. Und wenn ich ein Reiter bin, schreib ich dir ein Brieflein hin, |: und ich lasse dich grüßen, und du sollst wissen, :| |: daß ich ein Reiter bin." :|

4. Straßburg ist ne wunderschöne Stadt, drinnen ich gestanden hab, da kann man sehen viel schöne Straßen, höret die Trompeten blasen. |: O, o, wie schön ist das! :|

5. O, o, wie hart ist das, wenn man ein Feinsliebchen hat und muß reisen auf fremden Straßen, muß sein Lieb einem andern lassen. |: O, o, wie hart ist das! :|

Durch ganz Deutschland.

1. Zehn-tau-send Mann, die zo-gen ins Ma-nö-ver,

## SOLDATENLIEDER

zehn-tau-send Mann, die zo-gen ins Ma-nö-ver. War-

um, di - del - dum, war - um, di - del - dum, die

zo - gen ins Ma - nö - ver, rum di - del - dum.

2. Da kamen sie beim Bauer ins Quartiere.
3. Der Bauer hat ne wunderschöne Tochter.
4. „Bauer, Bauer, Bauer! die möcht ich gerne haben."
5. „Reiter, Reiter, Reiter! wie groß ist dein Vermögen?"
6. „Bauer, Bauer, Bauer! zwei Stiefel ohne Sohlen."
7. „Reiter, Reiter, Reiter! so kannst du sie nicht haben."
8. „Bauer, Bauer, Bauer! im Schwarzwald gibts noch schönre."

Aus Tübingen.

1. Wenns die Sol-da-ten durch die Stadt mar-schie-ren,

öff - nens die Mäd-chen Fen-ster und die Tü - ren. Ei,

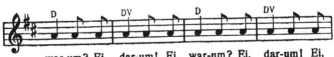
war-um? Ei, dar-um! Ei, war-um? Ei, dar-um! Ei,

## SOLDATENLIEDER

bloß wegn dem Schingde-raſ-ſa, Bum-de-raſ-ſa, Schingda-

ra! Ei, bloß wegn dem Schingderaſſa, Bum-de-raſ-ſa - ſa!

2. Zweifarben Tücher, Schnauzbart und Sterne herzens und küſſens die Mädchen ach, ſo gerne. Ei, warum . . .

3. Eine Flaſche Rotwein und ein Stückchen Braten ſchenkens die Mädchen ihren Soldaten.

4. Wenns im Felde blitzen Bomben und Granaten, weinens die Mädchen um ihre Soldaten.

5. Kommens die Soldaten wieder in die Heimat, ſeins ihre Mädchen alle ſchon verheirat.

### Kanonierlied.

1. Schirrt die Roſ-ſe, ſchirrt die Wa-gen, ei - let zu dem Pul-ver-

tor! Ka - no - nie - re, auf - ge - ſeſ - ſen, auf - ge -

ſeſ - ſen, und das Lieb-chen nicht ver - geſ - ſen!

2. Laßt ſie laufen, laßt ſie traben, laßt ſie gehen im Galopp über Sümpfe, über Graben immer fort von dieſem Ort!

3. Aufgefahren, abgeſeſſen, abgeprotzt, und ſchnell chargiert, dort auf jenes Ungeheuer richten wir das ſchnelle Feuer.

## SOLDATENLIEDER

4. Mit Schrapnell wird eingeschossen, werden Brennzünder eingesetzt. Da, wo diese richtig treffen, wird ein jeder Feind verletzt.

5. Seht, ach seht, sie müssen weichen, seht, ach seht, sie müssen fort. Mit Granaten wirs bestreichen, ist das nicht ein schönes Wort?

6. Hurra tönts von allen Seiten, hurra klingt es immerfort. Vivat hoch, jetzt gehts nach Hause zu dem frohen Siegesschmause.

2. Hört! Genralmarsch wird geschlagen! Hebt euch von dem grünen Rasen! Jeder nimmts Gewehr zur Hand. |: Viele hunderttausend Streiter, Fußvolk, Artillerie und Reiter schützen treu das Vaterland. :|

3. Feinde stehn auf allen Ecken, freche Gegner, die uns schrecken, sie erheben Kriegsgeschrei. |: Doch sie finden uns gerüstet, wenns euch nach blauen Bohnen lüstet, so erwartet deutsches Blei! :|

4. Kommt uns nun auf unsern Wegen irgendwo ein Feind entgegen, der es schlecht mit Deutschland meint, |: „Bataillon", heißts, „soll chargieren, laden und Kolonn formieren", vorwärts geht es auf den Feind. :|

5. Blitzen dann durch dicke Nebel Feindes Kavalleristensäbel, wird geschwind Karree formiert. |: Kommt die Infanterie geschritten in Kolonnen nach der Mitten, rechts und links wird deployiert. :|

6. „Nehmt s Gewehr rechts zur Attacke! Fällt s Gewehr! marsch, marsch!" Die Jacke wird den Burschen durchgeklopft. |: Will das Bajonett nicht frommen, wird der Kolben vorgenommen, solch ein Dreschen macht bald Luft. :|

7. Kavallerie auf beiden Flügeln, festgewurzelt in den Bügeln, sprenget jetzt zum Einhauen vor. |: Donnern drüben die Kanonen, gibts auch hier kein Pulver schonen, Kugeln speit das Feuerrohr. :|

8. Horch, das Ganze wird geblasen. „Gwehr in Ruh!" Auf grünem Rasen liegt manch wackrer Reitersmann. |: Beim Appell so mancher schweiget, und die blinde Rotte zeiget, daß der Feind auch schießen kann. :|

9. „Augen links!" es kommt gegangen, der Genral, er wird euch sagen, was der Parlamentär begehrt: |: „Friede will er, Waffenbrüder, morgen gehts zur Heimat wieder! Achtung! Präsentiert s Gewehr!" :|

Durch ganz Deutschland.

1. Mor - gen mar - schie - ren wir zu dem Bau - er ins

Nacht-quar-tier. Ei - ne Taſ - ſe Tee, Zuk - ker und Kaf-fee,

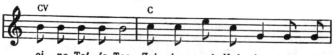

ei - ne Taſ - ſe Tee, Zuk - ker und Kaf - fee und ein

## SOLDATENLIEDER

Gläs-chen Wein, und ein Gläs-chen Wein!

2. Morgen maschieren wir zu dem Bauer ins Nachtquartier; |: wenn ich werde scheiden, wird mein Mädchen weinen :|: und wird traurig sein. :|

3. Mädchen, geh du nach Haus, denn die Glocke hat schon zehn geschlagen aus, |: geh und leg dich nieder und steh morgen wieder :|: früh beizeiten auf! :|

4. Kannst du nicht schlafen ein, ei, so nimm doch einen Schlaftrunk ein, |: trink eine Tasse Tee, Schokolade und Kaffee :| |: und ein Gläschen Wein! :|

5. Mädchen, ich liebe dich, heiraten aber kann ich dich nicht, |: wart nur noch ein Jahr, dann wirds werden wahr, :|: daß wir werden ein Paar. :|

Aus Schlesien, nach Hoffmann-Richter.

1. { Was hel-fen mir tau-send Du-ka-ten, wenn
    Der Kö-nig hat bra-ve Sol-da-ten, wenn

sie ver-sof-fen sind? }
sie mon-tie-ret sind.  }   Er gibt ih-nen

schö-nes Geld, er macht es, wies ihm ge-

fällt: er läßt sie brav lu-stig mar-schie-

## SOLDATENLIEDER

ren wohl durch die gan-ze Welt.

2. Ei Bauer, das tu ich dir sagen: „Wenn mein Quartier ist aus, wenn die Trompeten werdn blasen, so wecke du mich bald auf und sattle mir mein Pferd und rüste mir mein Schwert, den Mantel tu mir drauf binden, daß ich bald fertig werd."

3. Der Tag fing an zu brechen, der Wirt stand in der Tür, tat zu den Reitern sprechen: „Trompeter sind schon hier, sie blasen alle frisch drauf, ihr Herren Soldaten, steht auf! Das Pferd ist schon gesattelt, der Mantel gebunden drauf."

4. „Ei Rößlein, das tu ich dir sagen, den Sporen geb ich dir, du mußt mich heut noch tragen vor meiner Herzliebsten Tür, wohl vor das hohe Haus, da schaut das Mädel raus mit ihren schwarzbraunen Äugelein, zum Fenster schaut sie raus."

1. Brü-der, freut euch in der Run-de, denn es heißt Re-ser-ve-mann, ja Mann, ja Mann, und es naht die fro-he Stun-de, wo ein je-der sa-gen kann, und es naht die fro-he Stun-de, Stun-

## SOLDATENLIEDER

2. Einen Rock dann von der Kammer gibt man dem Reservemann, |: aber ach, es ist ein Jammer, s ist kein guter Fetz mehr dran. :|  Glori usw.

3. Und es hat ja nichts zu sagen, wenn der Rock zerrissen ist, |: denn er wird ja nur getragen von des Königs Reservist. :| Glori usw.

4. Treu gedient hab ich zwei Jahre ohne Furcht und ohne Scheu, |: bin zwar oft ins Loch gefahren, aber da war nichts dabei. :|  Glori usw.

Leipzig, Sächsisches Liederblatt.

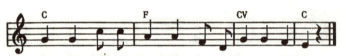

sagt, daß die hüb-schen jun-gen Bur-schen müs-sen wer-den Sol-dat, mit Ju-val-le-ral-le-ral-le-ra___, mit Ju-val-le-ral-le-ral-le-ra, daß die hüb-schen jun-gen Bur-schen müs-sen wer-den Sol-dat.

2. Die Starken und Strammen, die sucht er sich aus und die Krummen und die Lahmen schickt er wieder nach Haus.

3. Ihr Mädchen von Sachsen, wie wirds euch ergehn, wenn ihr müßt mit den Krummen und Lahmen ausgehn?

4. Friedrich August von Sachsen hat es selber gesagt, daß die ganze alte Bande wird im Herbst hinausgejagt.

5. Die Großen und Reichen haben Schuh anzuziehn, und die eisgraue Reserve wickelt sich Stroh um die Zehn.

# SCHLEMMLIEDER

## SCHLEMMLIEDER

Von Hiddenſee auf Rügen.

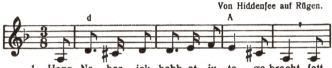

1. Hans Na - ber, ick hebb et ju to - ge-bracht, ſett

ju man Duhmn un Fin - ger dran! He, kik e - mol

in! noch Oe - le, noch Oe - le, veel Oe - le noch drin!

2. Sup ut, büſt n Super, du Lumpenhund, ſup ut, ſup ut bet an den Grund! |: He, kik emol in! :| Noch Oele, noch Oele, veel Oele noch drin!

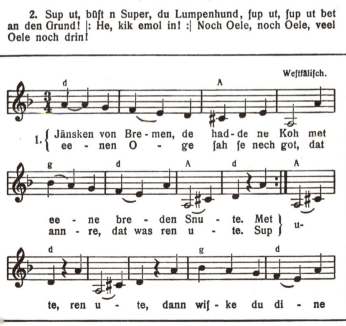

Weſtfäliſch.

1. { Jänsken von Bre - men, de had-de ne Koh met
    ee - nen O - ge ſah ſe nech got, dat

ee - ne bre - den Snu - te. Met }
ann - re, dat was ren u - te. Sup } u-

te, ren u - te, dann wiſ-ke du di - ne

# SCHLEMMLIEDER

Snu - te, ſup u - te, ren u - te!

2. De Hartog von Brunswyk, de harr ſön ol Peerd, dat harr ſön ſcheve Snute. Dat ene Oge, dat was em verdweer, dat annre was em ganz ute. |: Sup ute :| un wiſke dy ab dine Snute!

Altes Vagantenlied aus den Bergkreven, 1535.

1. { Wo ſoll ich mich hin-keh - ren, ich tum-bes Brü-der-lein? }
   { Wie ſoll ich mich er-näh - ren, mein Gut iſt viel zu klein. }
Als ich ein We-ſen han, ſo muß ich bald da-von. Was ich ſoll heur ver-zeh-ren, das han ich fernt ver-ton.

2. Ich bin zu früh geboren, ja wo ich heut hinkumm, mein Glück kommt mir erſt morgen. Hätt ich das Kaiſertum, darzu den Zoll am Rhein, und wär Venedig mein, ſo wär es all verloren, es müßt verſchlemmet ſein.

3. So will ich doch nit ſparen, und ob ichs alls verzehr und will darum nit ſorgen, Gott beſchert mir morgen mehr; was hilfts, daß ich lang ſpar? Vielleicht verlör ichs gar. Sollt mirs ein Dieb austragen, es reuet mich ein Jahr.

4. Ich will mein Gut verpraſſen mit Schlemmen früh und ſpat und will ein Sorgen laſſen, dem es zu Herzen gaht. Ich nehm mir ein Ebenbild an manchem Tierlein wild, das ſpringt auf grüner Heide, Gott behüt ihm ſein Gefild.

5. Ich ſeh auf breiter Heide viel manches Blümlein ſtan, das iſt ſo wohl bekleidet: was Sorg ſollt ich denn han, wie ich Gut überkumm? Ich bin noch friſch und jung, ſollt mich ein Not anlangen, mein Herz wüßt nichts darum.

6. Steck an die ſchweinen Braten, darzu die Hühner jung! Darauf mag uns geraten ein guter, friſcher Trunk. Trag einher kühlen Wein und ſchenk uns tapfer ein! Mir iſt ein Beut geraten, die muß verſchlemmet ſein.

7. Drei Würfel und ein Karten, das iſt mein Wappen frei, ſechs hübſcher Fräulein zarte, an jeglicher Seiten drei; ruck her, du ſchönes Weib, du erfreuſt mir mein Herz im Leib, wol in dem Roſengarten dem Schlemmer ſein Zeit vertreib.

8. Ich laß die Vögel ſorgen gen dieſem Winter kalt; will uns der Wirt nit borgen, mein Rock gib ich ihm bald, das Wammes auch darzu. Ich hab weder Raſt noch Ruh den Abend als den Morgen, bis daß ichs gar vertu.

Der Speckſalat. Aus Baden, Franken und dem Elſaß.

1. Friſch auf! Friſch auf zum Ja - - gen, wenns in die Alm nauf geht! / Ver-ſeht euch wohl mit Pulver und mit Blei aufs Hirſch-lein und aufs Reh! Das Ja-gen iſt ein

lu-ſtig Le-ben, das Wildpret muß brav Geld ergebn, das

## SCHLEMMLIEDER

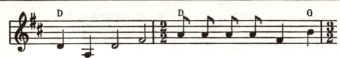

2. Und als wirs in ein Wirtshaus kamn, kommt gleich die Kellnrin her. „Was effens und was trinken, trinken Sie, was ift denn eur Begehr?" „Schenken Sies nur ein Bier und Branntewein, eine frifche, frifche Flafch Tirolerwein, und machen Sies auch einen Speckfalat für mich und meinen Schatz!"

3. Und als wir geffn und trunken hatten, führ ich mein Schatz nach Haus, leg mich zum Schatz ins Fadr-Fadr-Bett und fchlaf ganz ruhig aus. Bleib liegen, bis der Tag erfcheint, der helle, helle Tag ins Fenfter fcheint. Ade mein Schatz, nun lebe, lebe wohl, jetzt gehts halt wiedr ins Tirol. Schenken Sies nur ein ufw.

## BEIM BAUER

1. Es hatt ein Bau-er drei Töch-ter, es hatt ein Bau-er drei Töch-ter, es hatt ein Bau-er drei Töch-ter.

2. Die Erſte nahm ſich nen Edelmann, die Zweite nahm ſich nen Spielemann, die Dritte nahm ſich nen Bauer.

3. |: Da ſprach die älteſte Schweſter: :| „Meiner iſt der Beſte.

4. Wenn ich morgens früh aufſteh und ich in meine Stube geh, da hör ich Jäger blaſen.

5. |: Und was weiter noch dabei? :| Schöne Hündlein bellen."

6. |: Da ſprach die zweite Schweſter: :| „Meiner iſt der Beſte.

7. Wenn ich morgens früh aufſteh und ich in meine Stube geh, da ſeh ich Geigen hängen.

8. |: Und was weiter noch dabei? :| Schöne, rote Bändlein."

9. |: Da ſprach die dritte Schweſter: :| „Meiner iſt der Beſte.

10. Wenn ich morgens früh aufſteh und ich in meine Scheuer geh, da ſeh ich meinen dreſchen.

11. |: Und was weiter noch dabei? :| Schön Geld im Kaſten."

12. |: Und wie es kam um die Oſterzeit, :| da ſchlacht der Bauer nen Ochſen.

13. Er lud ſich den hungrigen Edelmann und den armen Spielemann zu ſich nauf zu Gaſte.

14. Da ſpielte der arme Spielemann, da tanzte der hungrige Edelmann, da ſaß der Bauer und lachte.

## BEIM BAUER

Bettelhochzeit, weſtfäliſch.

1. Der blin - de Joſt hat ee - ne Dee - ren, de wutt he ver - har - tern ger - n, brin - gen in den rech - ten Stand, de von Gott was to - er - kannt. Tri - tru - tra - la - la - la, tra - la - la - la - la - la - la, tra - la - la, tra - la - la, tru - dei - ru - dei - la - la!

2. Rapp de Kapp, ſut het de Pape, kam mit ſiner Münkekape, krig ſin Kaddegismusbook, gab ſe, en, twe, dree tohop.

3. Scriber ward nu ok geropen, kam mit ſinem Scribbūk gelopen, „Scriber ſet mal up den Breif, wat de Deeren mette kreit."

4. Eenen Rock, ſeß Ellen weet, und ſeß Lepeln, krumm un ſcheep, eenen Eemer, eenen Pühl; ſeggt ji Lüt, is dat nich viel?

5. Obends gieng die Hochtiet an, luſtig wören Fru un Mann, luſtig wören olle Gäſt, dre broden Hering was dat beſt.

6. Schultheß Frittken, dull und vull, kreig ſin Greitkon, dat nich wull, gaf ihrn Küßken op de Snut. „Jeß, Mar, Jauſef, min Aug is ut!"

7. Tweilf Aur gingen ſe to Hus. „Donnerhal — dat was en Smus", ſeggt de dicke Schulte Drull, „ha, wat is min Wampen vull!"

8. De Brujam ging mit ſiner Brut in d Kammer, puſt de Lampen ut, nam ſin Wifken in den Arm, je, wat ward ſin Herze warm!

9. Un de dat Lied geſungen het, was en verlumpten Fahnenſmett, de bi de Hochtied umſümſt mit tat un tegen Lux dem Scriber ſatt.

## TANZ

Alter Johannisreigen aus der Bonner Gegend.

1. "Nimm fie bei der schneewei-ßen Hand und führ fie

in den Ro-fen-kranz!" Blau, blau Blu-men auf mein Hut,

hätt ich Geld, und das wär gut, Blumen auf mein Hütchen.

2. "Jungfer, ihr follt tanzen in diefem Rofenkranze!" Blau, blau Blumen ...
3. "Jungfer, ihr follt küffen!" Das tät die Jungfer lüften.
4. "Jungfer, ihr follt fcheiden!" Das tät der Jungfer leiden.
5. "Jungfer, ihr follt draußen gehn, ein andre foll darinnen ftehn!"

Aus Schwaben.

1. Ei, was bin i für e lu-fti-ger Bue! I kann ja fo

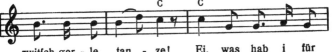

zwitfch-ger - le tan - ze! Ei, was hab i für

Schüh-le an! Ei, was hab i für Schnal-le dran! Mei

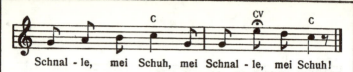

Schnal - le, mei Schuh, mei Schnal - le, mei Schuh!

2. Ei, was bin i für e luſtiger Bue, i kann jo ſo zwitſchgerle tanze! Ei, was hab i für Strümpfle an, ei, was hab i für Zwickle dran! Mei Zwickle, mei Strümpfle, |: mei Schnalle, mei Schuh! :|

3. Ei, was bin i uſw. Ei, was hab i für Hösle an, ei, was hab i für Bändle dran! Mei Bändle, mei Hösle, mei Zwickle, mei Strümpfle uſw.

4. Ei, was bin i uſw. Ei, was hab i für e Weſtle an, ei, was hab i für e Täſchle dran! Mei Täſchle, mei Weſtle uſw.

5. Ei, was bin i uſw. Ei, was hab i für e Röckle an, ei, was hab i für e Rösle dran! Mei Rösle, mei Röckle uſw.

6. Ei, was bin i uſw. Ei, was hab i für e Köpfle auf, ei, was hab i für e Hütle drauf! Mei Hütle, mei Köpfle, mei Rösle, mei Röckle uſw.

Alter bayriſcher Tanz.

1. Tanz rü - ber, tanz nü - ber, tanz nauf und tanz no! Ei, leih mir dei Schotz - la, dös mei is nit do! I leih dir ſche nit, i ga dir ſche nit, kaa ſau - a Schma - rut - zer, den brauch i jo nit.

2. Und wenn du ſauſtolz mit deim Schotzla willſt ſei, ſo nemm a Papierla un wickels enei! Un nemm a roats Bandel un ſtrick ſe feſt zu, nachert kimmt dirſch ka ſau-a Schmarutzer derzu.

# TANZ

Oberbayrischer Landler.

1. Z Lauterbach håb i mein Strumpf verlorn, Strumpf verlorn, ohne Strumpf gehn i nöt hoam, ja hoam, jetzt gehn i halt wieder auf Lauterbach, Lauterbach, hol mir an Strumpf zu dem oan.

2. Z Lauterbach håb i mein Herz verlorn, ohne Herz kann i net lebn. Da muß i halt wieder auf Lauterbach, s Deandl solls feini mir gebn.

3. Vater, wann gibſt d mir denns Heimatel, Vater, wann laßt d mirs verſchreibn? — S Deandl wachſt auf wie es Grummatel, lediger wills nimmehr bleibn.

4. Mei Diandl hat ſchwarzbraune Äugle, nett wie a Täuberl ſchauts her, wann i beim Fenſter oan Schnagger tu, kommt fie ganz freundli daher.

5. Jetzt hab i mein Häuſerl auf a Schneckerl baut, kriecht mir das Schneckerl davon. Jetzt ſchaut mi mei Deandl ganz launi an, daß i kein Häuſerl mehr han.

6. Wenn i ins Zillertal eini geh, ziehn i mei Pluderhoſen an. Wenn i mein Deandl in d Kirchen ſeh, ſchaun i kein Heiligen mehr an.

7. Alliweil kann man net luſti ſein, alliweil kann man net woan. Das eini Mal gehn i zum Deandl aus, das andre Mal bleib i dahoam.

## TANZ

2. Und Nagerl und Rosmarin, schöns Deandl, jetz gehn i dahi. Geh zua da hintern Tür, ist a kloans Riagerl für, s Riagerl hebst hålt aus, liabs Büaberl, geh eina ins Haus.

3. Jå Deandl, wås ſågn deine Leit, wenn dis Liabn jå går a ſo freit. Und ſågn ſie wås oder nöt, mei Büaberl låß i nöt. Eh i mei Büaberl låß ſteh, kunnt i ſelba jå a davo geh.

4. Und wenn i vom Deandl weggeh, dann ſchwing i mei Hüatl auf d Heh. Nagerl und Rosmarin, Deandl jatz gehts dahi. Allerliabſts Deandl adje! Leicht, daß i di nimma mehr ſeh!

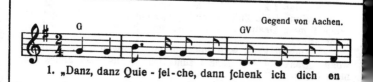

## TANZ

Ei!" "Neäh", ſäd dat leiv-ſte Quieſel-che, "ich danz noch nicht för zwei!" "dann danz ich, wat ich kann."

2. "Danz, danz, Quieſelche, dann ſchenk ich dich en Peäd!"
"Neäh", ſäd dat leivſte Quieſelche, "dat Peäd is mich nüß weäd!"
3. "Danz, danz, Quieſelche, dann ſchenk ich dich en Kouh!"
"Neäh", ſäd dat leivſte Quieſelche, "loß mich damit en Rouh!"
4. "Danz, danz, Quieſelche, dann ſchenk ich dich en Hus!"
"Neäh", ſäd dat leivſte Quieſelche, "do mach ich mich nüß druß!"
5. "Danz, danz, Quieſelche, "dann ſchenk ich dich en Mann!"
"Jo", ſäd dat leivſte Quieſelche, "dann danz ich, wat ich kann!"

Aus Torgau.

1. Es hatt ein Schwab ein Töch-ter-lein, die woll-te nicht mehr die-nen, die woll-te Hut und Man-tel habn und ein Paar Schuh mit Schnü-ren.

2. Und als ſie Hut und Mantel hatt und ein Paar Schuh mit Schnüren, da reiſte ſie nach Frankfurt hin, um noch ein Jahr zu dienen.

3. Und als ſie nun nach Frankfurt kam in eines Wirtes Stuben, da waren drei Geſellen drin, das waren luſtge Buben.

4. Der erſte reichte ihr die Hand, der zweit einmal zu trinken, der dritte trat ihr auf den Fuß, daß ſie den Becher ließ ſinken.

5. "Herr Wirt, nun gebt die Karten her, nun wollen wir eins ſpielen, und wer die meiſten Augen hat, der ſoll das Röslein kriegen."

## TANZ

Gießener Liederblatt.

1. Je höher der Kirchturm, desto
   weiter mein Schätzel, desto

schöner das Geläute. Je
größer die Freude. } Ju-vi-

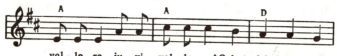

vallera, juvivallera! Schatz, scheiden tut

weh, ja weh, und die Liebe, sie tut

schwanken wie das Schifflein auf der See.

2. Je tiefer das Waffer, defto weißer die Fifch, je weiter mein Schätzel, defto lieber mirs ift. Juvivallera ufw.

3. Daß es im Walde dunkel ift, das macht ja das Holz, daß mir mein Schätzel untreu ift, das macht ja fein Stolz. Juvivallera ufw.

4. Zwei fchneeweiße Tauben fliegen über mein Haus, der Schatz, wo mir beftimmt ift, der bleibt mir nit aus. Juvivallera ufw.

5. Je dunkler die Nacht, defto heller die Stern, je heimlicher die Lieb ift, defto mehr hab ich fie gern.

# TANZ — SCHNURREN

**Der Obedrauf, schwäbischer Tanz.**

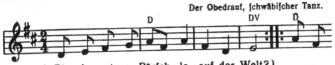

1. { Bin i net a Pürschle auf der Welt? }
   { Spring i net wie a Hirschle auf dem Feld? }  Auf dem

Feld, im grü-nen Holz be-geg-net mir a Jung-fer stolz.

2. Gota Morga, Jungfer, komm se gschwend! Will se mit mir tanza, geb se d Händ! S Stüble auf- und abgeschwenkt und a Gläsle eingeschenkt!

3. Schöne Musikante, spielet auf! Spielet mir a Tänzle obadrauf! Aufgeputzt, eingeschnürt, lustig dann zum Tanz geführt!

## SCHNURREN

**Aus dem Kandertale (Breisgau).**

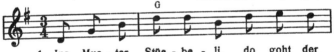

1. Ins Mue-ter Stüe-be-li, do goht der

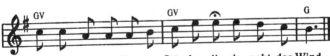

hm, hm, hm, ins Mue-ter Stüe-be-li, do goht der Wind.

2. Mueß fast verfriere vor lauter hm, hm, hm, mueß fast verfriere vor lauter Wind.

3. Mir wei (wollen) go bettle go, es si üs hm, hm, hm, mir wei go bettle go, es si üs zwei.

4. Du nimmsch der Bettelsack un i der hm, hm, hm, du nimmsch der Bettelsack un i der Korb.

5. Du stohsch vors Läderli un i for hm, hm, hm, du stohsch vors Läderli und i for Tür.

## SCHNURREN

6. Du kriegſch e Weckerli un i e hm, hm, hm, du kriegſch e Weckerli un i e Bir (Birne).
7. Du ſeiſch, vergelt is Gott, un i ſag hm, hm, hm, du ſeiſch, vergelt is Gott, un i ſag dank.
8. Du ſteckſch der Speck in Sack un i der hm, hm, hm, du ſteckſch der Speck in Sack un i der Ank (Butter).
9. Du ſeiſch, vergelt is Gott un i ſag hm, hm, hm, du ſeiſch, vergelt is Gott, un i ſag dank.

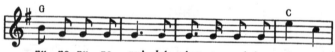

2. Sie ſagt, ſie hätt viel Gulde, s warn aber lauter Schulde.
3. Sie ſagt, ſie tät viel erbe, s warn aber lauter Scherbe.
4. Sie ſagt, ſie wär von Adel, ihr Vater führt die Nadel.

## SCHNURREN

5. Sie sagt, ich sollt sie küsse, es brauchts niemand zu wisse.
6. Sie sagt, ich sollt sie nehme, sie macht mirs recht bequeme.
7. Der Sommer ist gekomme, ich hab sie nicht genomme.

Der böhmische Wind.

1. Ich hab mir mein Wei-zen am Berg ge-sät,

Berg ge-sät, hat mirn der böh-mi-sche Wind ver-weht,

Wind ver-weht, hat mirn der böhmsche Wind ver-weht.

2. Böhmischer Wind, ich bitt dich schön, laß mir mein Weizen am Berge stehn.
3. Der Apfel ist sauer, ich mag ihn nicht, s Mädel ist falsch, ich trau ihr nicht.
4. Wenn ich kein Geld im Beutel hab, geh ich ins Holz, schneid Reiser ab.
5. Geh ich nach Haus, mach Besen draus, krieg ich bald wieder Geld ins Haus.
6. Wenn ich die Besen gebunden hab, geh ich die Straßen wohl auf und ab: Leute, wer kauft mir Besen ab?

Nach dem Wunderhorn.

1. Ich weiß mir ein Liedlein hübsch und fein wohl von dem

# SCHNURREN

Waſ-ſer, wohl von dem Wein. Der Wein kanns Waſ-ſer nicht

lei - den, ſie muß-ten halt all - weil ſtrei - ten.

2. Da ſprach der Wein: „Bin ich ſo fein, man führt mich in alle Länder hinein, man führt mich in s Wirt ſeinen Keller und trinkt mich als Muskateller."

3. Da ſprach das Waſſer: „Bin ich ſo fein, ich laufe in alle Länder hinein. Ich laufe dem Müller um s Hauſe und treibe das Rädlein mit Brauſe."

4. Da ſprach der Wein: „Bin ich ſo fein, ich glänze wie rot Rubinenſtein auf Bechern, auf Backen und Naſen, wenn feſtlich Drometen blaſen."

5. Da ſprach das Waſſer: „Bin ich ſo fein, man braucht mich in den Badſtüblein, darinnen manch Jungfraue ſich badet kühl und laue."

6. Da ſprach der Wein: „Bin ich ſo fein, man ſchenkt mich den Doktoren ein, wenn s Lichtlein nit will leuchten, gehn ſie bei mir zur Beichten."

7. Da ſprach das Waſſer: „Bin ich ſo fein, es gehn die Schiffe groß und klein, Sonn, Mond auf meinen Straßen, die Erd tu ich umfaſſen."

8. Da ſprach der Wein: „Bin ich ſo fein, ich ſpring aus Marmorbrünnelein, wenn ſie den Kaiſer krönen zu Frankfurt wohl auf dem Römer."

9. Da ſprach das Waſſer: „Bin ich ſo fein, zu Nürnberg auf dem Kunſtbrünnelein ſpring ich mit feinen Liſten den Meerweiblein aus den Brüſten."

10. Da ſprach der Wein: „Bin ich ſo fein, ich darf wohl Lacrimae Chriſti ſein, wenn füllet in Andacht den Becher der allerfrömmſte der Zecher."

11. Da ſprach das Waſſer: „Bin ich ſo fein, ich lauf dir über die Wurzel hinein, wär ich zu dir nicht geronnen, du hätteſt nicht können kommen."

12. Da ſprach der Wein: „Und du haſt recht, du biſt der Meiſter, und ich bin der Knecht, dein Recht will ich dir laſſen, fahr du nur deiner Straßen!"

13. Das Waſſer ſprach noch: „Hätteſt du mich nicht erkannt, du wärſt ſogleich an der Sonne verbrannt." Sie wollten ſo länger noch ſtreiten, da miſchte der Schankwirt die beiden.

## SCHNURREN 219

Luftig. Röseligarten.

1. Dei o-ben uff em Berg-li ftoht e bru-ni Hei-de-li-domm. Dei o-ben uff em Berg-li ftoht e bru-ni Kue! Hei-de-li-domm-domm, Hei-de-li-domm-domm, Hei-de-li bim bam bim bam bo! Hei-de-li-domm-domm, Hei-de-li-dommdomm, Hei-de-li bim bam bo!

2. Ond wenn ſi d Schwitzer melchid, luegid d Schwoobe Heidelidomm. Ond wenn ſi d Schwitzer melchid, luegid d Schwoobe zue. Heidelidommdomm uſw.

3. De Knecht, er ſött gi melche ond iſcht em au nüd Heidelidomm. De Knecht, er ſött gi melche ond iſcht em au nüd dromm. Heidelidommdomm uſw.

4. Er ſtellt de Kübel uff d Site ond gaupet mit em Heidelidomm. Er ſtellt de Kübel uff d Site ond gaupet mit de Matt. Heidelidommdomm uſw.

5. „Jä Mueter, i ſött gi taanze ond ha halt keini Heidelidomm. Jä Mueter, i ſött gi taanze ond ha halt keini Schueh." Heidelidommdomm uſw.

**6.** „Dei legg du Vatters Schleerpen a ond taanz du luſchti Heidelidomm. Dei legg du Vatters Schleerpen a ond taanz du luſchti zue!" Heidelidommdomm uſw.

**7.** De Vatter gid mer d Schleerpe nöd ond ſeid, i ſei e Heidelidomm. De Vatter gid mer d Schleerpe nöd ond ſeid, i ſei e Kue. Heidelidommdomm uſw.

**8.** Ond der mer jetz am lüübſchten iſcht, der iſcht halt nöd im Heidelidomm. Ond der mer jetz am lüübſchten iſcht, der iſcht jetz halt nöd do. Heidelidommdomm uſw.

**9.** I ſtopfe s mit em Nöödeli, i ſchnide s mit em Heidelidomm. I ſtopfe s mit em Nöödeli ond ſchnide brav droff zue. Heidelidommdomm uſw.

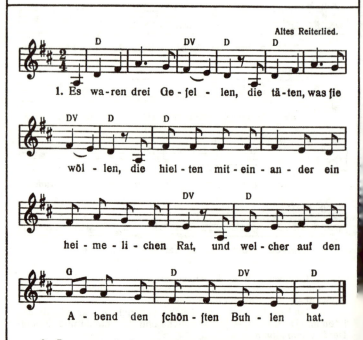

Altes Reiterlied.

1. Es waren drei Geſellen, die täten, was ſie wöllen, die hielten miteinander ein heimelichen Rat, und welcher auf den Abend den ſchönſten Buhlen hat.

**2.** Da war auch einer drunter, und nichts verſchweigen kunnt er, der macht ſich groß und laut, daß ihm für dieſe Nacht das allerſchönſte Mädchen ein Stündlein zugeſagt.

**3.** Das Mädchen hinter der Wande hört ihre eigene Schande: „Verleih mir großer Gott den Witz und auch Verſtand, daß dieſer falſche Knabe nicht kommt an meine Hand!"

4. Des Nachts wohl um die Mitten der Knabe kam geritten, er klopfte dreimal an mit feinem Siegelring: „Sprich, schlafst du oder wachst du, mein allerschönstes Kind?"

5. „Mag schlafen oder wachen, dir tu ich nicht aufmachen, geh du nur immer hin, wo du gewesen hast, und binde deinen Gaul an einen dürren Ast!"

6. „Wo soll ich denn hinreiten von deiner grünen Seiten? Es schlafen alle Leute und alle Bürgerskind, und draußen auf der Heide, da weht ein kühler Wind."

7. „Das tut mich gar nicht rühren, tu nur dein Rößlein führen! Da draußen auf der Heid, da liegt ein breiter Stein, leg deinen Kopf darauf, so hast ein Schätzelein."

8. Wer ists, der uns dies Liedlein sang? Ein freier Reiter ist ers genannt, er hat uns dies gesungen, er singt uns noch viel mehr. Gott mag alln feinen Jungfraun behüten ihre Ehr.

1. Zu Regensburg auf der Kirchturmspitz, da ka-men die

Schneider zsamm. Da ritten ihrer neun-zig, ja neunmal neunund-

neun-zig auf einem Gockel-hahn. Wi-de-wi-de-witt dem

Zie-gen-bock! Meck, meck, meck dem Schnei-der! Juch-

# SCHNURREN

hei-ras-sa, juch-hei-ras-sa, Zwirn rrraus! Wer da? Schneider

meck, meck, meck, Schnei-der meck, meck, meck, Schneider

meck, meck, meck, juch-hei-ras-sa! Laß die Na-del sau-sen!

2. Und als die Schneider Jahrestag hatten, da waren sie alle froh. Da aßen ihrer neunzig, ja neunmal neunundneunzig an einem gebratenen Floh.

3. Und als sie nun gegessen hatten, da waren sie voller Mut. Da tranken ihrer neunzig, ja neunmal neunundneunzig aus einem Fingerhut.

4. Und als sie nun getrunken hatten, da kamen sie in die Hitz. Da tanzten ihrer neunzig, ja neunmal neunundneunzig auf einer Nadelspitz.

5. Und als sie nun getanzet hatten, da sah man sie nicht mehr. Da krochen ihrer neunzig, ja neunmal neunundneunzig in eine Lichtputzscher.

6. Und als sie nun im Schlafen waren, da knispelt eine Maus. Da schlüpften ihrer neunzig, ja neunmal neunundneunzig zum Schlüsselloch hinaus.

7. Und was ein rechter Schneider ist, der wieget sieben Pfund. Und wenn er das nicht wiegen tut, ja wia-wia-wiegen tut, dann ist er nicht gesund.

Trüb, Schweizer Fahrtenlieder.

1. Wie ma-ches denn die Schneider? Un e-

## SCHNURREN

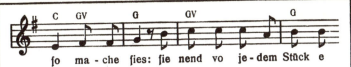

so ma-che sies: sie nend vo je-dem Stück e Zöp-fel, s git em Chind e Sun-dig-röckl. Un e-so, un e-so, un e-so ma-che sies.

2. Wie maches denn die Metzger? Sie fteche z Obe en alti Geiß, verchaufe am Morge Hammelfleisch.

3. Wie maches denn die Chüefer? Sie chlopfe d Fäßli chuglerund und suffe wie-n-e Pudelhund.

4. Wie maches denn die Schmiede? Sie schlönd en alte Nagel y und säge-n,-es seig e neue gsi.

5. Wie maches denn die Maurer? Sie stoße d Stei lang hin und her und denke: wenns nur Zahltag wär!

6. Wie maches denn die Buure? Si sägid, si heige d Bühni voll Heu und händ nur im-e-n-Egge-n-e chlei.

7. Wie maches denn die Schuester? Sie mache drü mol rumpedibum und heusche scho drei Batze drum.

1777.

1. { Es wollt ein Schnei-der wan-dern am Mon-tag in der Fruh,
   be-geg-net ihm der Teu-fel, hatt we-der Strümpf noch Schuh. } „He-he, du Schnei-der-gsell, du

mußt mit mir in d Höll, du mußt uns Teu-fel

klei - den, es ge - he, wie es wöll!"

2. Sobald der Schneider in d Höllen kam, nahm er sein Ellenstab, er schlug den Teufeln die Buckel voll die Höll wohl auf und ab. „Hehe, du Schneidergsell, mußt wieder aus der Höll! Wir brauchen nicht das Messen, es gehe, wie es wöll!"

3. Nachdem er all gemessen hat, nahm er sein lange Scher und stutzt den Teufeln die Schwänzel ab, sie hupften hin und her. „Hehe, du Schneidergsell, pack dich nur aus der Höll! Wir brauchen nicht das Stutzen, es gehe, wie es wöll!"

4. Da zog er s Bügeleisen raus und warfs ins Höllenfeuer; er strich den Teufeln die Falten aus, sie schrieen ungeheuer: „Hehe, du Schneidergsell, geh du nur aus der Höll! Wir brauchen nicht das Bügeln, es gehe, wie es wöll!"

5. Er nahm den Pfriemen aus dem Sack und stach sie in die Köpf. Er sagt: „Halt still, ich bin schon da, so setzt man bei uns die Knöpf". „Hehe, du Schneidergsell, geh einmal aus der Höll! Wir brauchen keine Knöpfe, es gehe, wie es wöll!"

6. Da nahm er Nadel und Fingerhut und fing zu nähen an, er flickt den Teufeln die Naslöcher zu, so eng er immer kann. „Hehe, du Schneidergsell, pack dich doch aus der Höll! Wir können nimmer schnaufen, es gehe, wie es wöll!"

7. Nach diesem kam der Luzifer und sagt: „Es ist ein Graus. Kein Teufel hat kein Schwänzel mehr, jagt ihn zur Höll hinaus!" „Hehe, du Schneidergsell, nun pack dich aus der Höll! Wir brauchen keine Kleider, es gehe, wie es wöll!"

8. Nachdem er nun hat aufgepackt, da ward ihm erst recht wohl, er hüpft und springet unverzagt, lacht sich den Buckel voll, ging eilends aus der Höll und blieb ein Schneidergsell. Drum holt der Teufel kein Schneider mehr, er stehl, so viel er wöll.

## SCHNURREN

Aus Oberhessen und der Röhn.

1. Die Lei-ne-we-ber ha-ben ei-ne ſau-be-re
   Mitt-fa-ſten hal-ten ſie Zu-ſam-men-

Zunft, ha-rum di dſcha-rum di ſchrum, ſchrum, ſchrum!
kunft, ha-rum di dſcha-rum di ſchrum, ſchrum, ſchrum!

A-ſchegrau-e, dun-kel-blau-e, ſchrum, ſchrum, ſchrum,
mir ein Vier-tel, dir ein Vier-tel, ſchrum, ſchrum, ſchrum.

Fein o-der grob, ge-geſ-ſe wern ſe doch mit der

Jul-le, mit der Spul-le, mit der Schrum, Schrum, Schrum.

2. Die Leineweber nehmen keinen Lehrjungen an, der nicht ſechs Wochen lang faſten kann.

3. Die Leineweber ſchlachten alle Jahr zwei Schwein, das eine iſt geſtohlen, und das andre iſt nicht ſein.

4. Die Leineweber haben ein Schifflein klein, da ſetzen ſie die Wanzen und die Flöhe hinein.

5. Die Leineweber haben alle Jahr zwei Kind, das eine, das iſt ſcheel, und das andre iſt blind.

6. Die Leineweber machen eine ſaubere Muſik, wie wenn zwölf Müllerwagen fahren über die Brück.

## SCHNURREN

Westfälisches Ansingelied.

1. Der Kuckuck auf dem Zau-ne faß, der Kuckuck auf dem

Zau-ne faß, es regnet fehr, und er ward naß, es

reg-net fehr, und er ward naß. Kuk-kuck! Kuk-kuck!

2. Darauf, da kam der Sonnenfchein, der Kuckuck, der war hübfch und fein.
3. Darauf, da fchwang er fein Gefieder und flog damit wohl übern See.

---

Gegend von Bunzlau und Haynau.

1. Ein Vo-gel woll-te Hoch-zeit ma-chen in dem grü-nen Wal-de. Fi-di-ra-la-la, fi-di-ra-la-la, fi-di-ra-la-la-la-la!

2. Die Droffel war der Bräutigam, die Amfel war die Braute.
3. Die Lerche, die Lerche, die führt die Braut zur Kerche.
4. Der Auerhahn, der Auerhahn, derfelbig war der Kapellan.
5. Die Meife, die Meife, die fang das Kyrie-eleife.
6. Die Gänfe und die Anten, das warn die Mufikanten.

7. Der Pfau mit seinem bunten Schwanz macht mit der Braut den ersten Tanz.
8. Der Seidenschwanz, der Seidenschwanz, der sang das Lied vom Jungfernkranz.
9. Die Puten, die Puten, die machten breite Schnuten.
10. Brautmutter war die Eule, nahm Abschied mit Geheule.
11. Das Finkelein, das Finkelein, das führt das Paar zur Kammer hinein.
12. Der Uhu, der Uhu, der macht die Fensterläden zu.
13. Die Fledermaus, die Fledermaus, die zieht der Braut die Strümpfe aus.
14. Frau Kratzefuß, Frau Kratzefuß, gibt allen einen Abschiedskuß.
15. Der Hennig kräht: „Gute Nacht!" Nun wird die Kammer zugemacht.

Aus Schlesien. Nach Hoffmann-Richter.

1. Es saß ein Käfer auf'm Bäumel, summ, summ, es saß ein Käfer auf'm Bäumel, der hatt ein goldnes Hemdel, summ, summ.

2. Es saß eine Fliege drunter, den Käfer nahms groß Wunder.
3. „Jungfer Fliege, wollt ihr mich han? Ich bin ein wackrer Käfersmann."
4. Jungfer Fliege ging zu Bade, mit allen ihren Maden.
5. Die eine trug den Badstuhl, die andre trug ein Paar rote Schuh.
6. Die eine trug die Seife, die andre tat sie abschweifen.
7. „Wo ist denn meine Magd Mücke, die mir kraut meinen Rücken?

8. Die mir kraut meine weiße Haut? Denn morgen bin ich Käfers Braut."

9. Sie führten die Braut in die Kirche mit allen ihren Schnürchen.

10. Sie führten die Braut zu Tische, sie hatten Wildpret und Fische.

11. Sie führten die Braut zum Tanze in ihrem grünen Kranze.

12. Sie tanzten all im Schwunge, der Käfer mit der Brumme.

13. Ich weiß nicht was sie taten, daß sie die Braut zertraten.

14. Da ging der Käfer in Harme mit seinem ganzen Schwarme.

15. Da kam der Hahn gesprungen, der hat den Käfer verschlungen.

16. Nun ist Braut und Bräutigam tot, nun haben die Hochzeitsleut große Not.

2. |: Er hat schwarzbraune Äugelein, :| sein Herz war Trauerns voll, |: weil er, :| weil er mich verlassen soll. Vitirularulala usw.

3. |: Er hat mir Treu versprochen :| von nun an bis ans End, |: bis daß, :| bis daß der Tod uns trennt.

4. |: Ei Mädchen, geh, und hole :| mir eine Feuerkohle, |: auf daß, :| auf daß mein Pfeifchen brennt.

5. |: Ins Ochsenwirts sein Kellerlein :| hab ich schon manches Hellerlein |: verjubelt mit dem Wein, :| wo schöne Mädchen sein.

Durch ganz Schwaben.

1. Sitzt e klois Vogerl im Tannewald, tut nix als singen und schrein. Was mags fürn Vogerl sei, der so schön singt und schreit? S wird wohl e Nachtigall sei, juch-he, s wird wohl e Nachtigall sei.

2. Hörst du de Vogel, er pfeift so schön, tut nix als singen und schrein. S isch jo koi Nachtigall, schlägt in koim Tannewald, sitzt uff re Haselnußstaud, juchhe! sitzt ...

3. Ei Mädle, was sage denn deine Leut, daß di des Liebe so freut? Mei Leut sage-n-allezeit, s Liebe geht weit und breit, s Liebe sei allweil im Schwang, juchhe! S Liebe ...

4. Ei Mädle, was willscht de jetz fange-n-a, hoscht e klois Kind un koin Ma? Was i tu fange-n-a? I fang zu singe-n-a: Ei un juchhei un mei Bu, juchhe! S geit mer koi Mensch nix dezu.

5. Ei Mädle, was kriegscht für e Heiratsgut, daß de des Köpfle so trägscht? |: La la la la la la, :| Nadel und Fade-n-und Fingerhut und e verroschtete Scher.

## SCHNURREN

16. Jahrhundert.

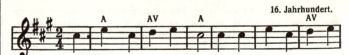

1. Gar hoch auf jenem Berge, gar hoch auf jenem Berge, da steht ein Rauten-sträuchelein, gewunden aus der Erden, da steht ein Rautensträuchelein, gewunden aus der Erden.

2. |: Und da entschlief ich drunter; :| mir traumbt ein wunderlicher Traum wohl zu derselben Stunde.

3. |: Es traumbt mir also süße, :| wie daß ein wunderschöne Maid wohl stund bei meinen Füßen.

4. |: Und da ich nun erwachet, :| da stund ein altes graues Weib vor meinem Bett und lachet.

5. |: So wollt ich, daß es wäre, :| und daß man sieben alte Weib um eine junge gäbe!

6. |: So wollt ich auch die meine :| hergeben um eine Bratewurst und um ein Seidlin Weine.

Durch ganz Deutschland.

1. { Es hatt ein Bauer ein schönes Weib, die
    sie bat oft ihren lieben Mann, er

# SCHNURREN

2. Der Mann, der dachte in feinem Sinn: „Die Reden, die find gut! Ich will mich hinter die Haustür ftellen, will fehn, was meine Frau tut. Will fagen, ich fahre ins Heu," ufw.

3. Da kommt gefchlichen ein Reitersknecht zum jungen Weibe herein, und fie umfängt gar freundlich ihn, gab ftracks ihren Willen darein. „Mein Mann ift gefahren ins Heu" ufw.

4. Er faßte fie um ihr Gürtelband und fchwang fie wohl hin und her; der Mann, der hinter der Haustür ftand, ganz zornig da trat er herfür: „Ich bin noch nicht gfahren ins Heu" ufw.

5. „Ach trauter, herzallerliebfter Mann, vergib mir diefen Fehl! Ich will ja herzen und lieben dich, will kochen dir Mus und Mehl. Ich dachte, du wäreft ins Heu," ufw.

6. „Und wenn ich gleich gefahren wär ins Heu und Haberftroh, fo follft du nun und nimmermehr einen andern lieben alfo; da fahre der Teufel ins Heu!" ufw.

7. Und der euch diefes Liedlein fang, der wird es fingen noch oft, es ift der junge Reitersknecht, er lieget im Heu und im Hof. Er fährt auch manchmal ins Heu, ufw.

# SCHNURREN

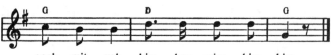

1. Die Fraa wollt uff die Kirmeß geh, he Koneroad; der Konroad, der wollt aach mitgeh, bimberwimbim bim bim bim, der Konroad, der wollt aach mit geh, bimberwimbim bim.

2. "Ach näh, du mußt deham fei bleiwe, du mußt die Koih ean Kälwer treiwe."

3. "Ach näh, deham, do bleiw ich net, die Koih in Kälwer treiw ich net.

4. Baal härr ich äbbes vergeffe, woas krie ich dann fe effe?"

5. "Do hinne off de Schiffilbank, do ftitt en fauere Molketrank.

6. Den kannfte joa gefchlappe, oawer bleib mer vo der Matte!"

7. Ean als die Fraa vo de Kirmeß kom, mei Koneroad o de Matte ftann.

8. Do kritt die Fraa en Stäcke: "Ich will der hälfe läcke!"

9. Mei Koneroad fprung zaum Feafter enaus en fprung ins Nochbers Henrichs Haus.

10. "Ei Nochber, was ich aich will fa: Mei Fraa, ean dai hott mich gefchla!"

11. "Ei Nochber, dir is rächt gefcheh: off e annermol loß die Matte ftih!"

## SCHNURREN

1. „Wenn der Topp a-ber nu en Loch hat, lieber Hein-rich, lie-ber Hein-rich?" „Stopps zu, lie-be, lie-be Lie-ſe, lie-be Lie-ſe, stopps zu!"

2. „Womit ſoll ichs denn aber zuſtoppen?" „Mit Stroh!"
3. „Wenn das Stroh aber nu zu lang iſt?" „Schneids ab!"
4. „Womit ſoll ichs denn aber abſchneiden?" „Mitn Metz!"
5. „Wenn das Metz aber nu ſtumpf iſt?" „Machs ſcharf!"
6. „Womit ſoll ichs denn aber ſcharf machen?" „Mitn Stein!"
7. „Wenn der Stein aber nu trocken iſt?" „Machn naß!"
8. „Womit ſoll ichn denn aber naß machen?" „Mit Waſſer!"
9. „Womit ſoll ich denn abers Waſſer holn?" „Mitn Topp!"
10. „Wenn der Topp aber nu en Loch hat?" „Laß es ſein!"

1. Un - ſa Hans haut Hua - sn an, und döi ſann an z kloan. Hurchts, wöi da Wind waht,

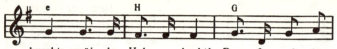

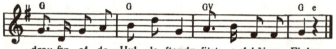

2. Fallt da Mouda s heiern ein, kann do nit fan! Schauts, wia ſi d Urſchl draht, ſechts, wia ſi d Lena blaht! |: Moidl, geh von Fenza weg, kimmt da Schneider, meck, meck, meck! :|

Aus dem Brandenburgiſchen.

## SCHNURREN

tu dein Schlappmaul auf\_\_\_\_ und tu dein Schlappmaul auf!

2. Nicht weit ab wohnt ein Edelmann, lauf, Müller lauf, der wollte des Müllers Tochter han. Lauf, Müller ufw.

3. Der Edelmann hat einen Knecht, und was er tat, das war ihm recht.

4. „Guten Tag, guten Tag, Frau Müllerin, wo ſtell ich denn meinen Haberſack hin?"

5. „So ſtell ihn nur in jenes Eck, grad neben meiner Tochter Bett."

6. Und als es kam um Mitternacht, es in dem Sack lebendig ward.

7. Die Tochter ſchrie, die Tochter ſchrie: „Es iſt ein Dieb in unſrer Mühl."

8. „Es iſt kein Dieb, es iſt kein Dieb, es iſt ein Edelmann, und der hat dich lieb."

9. „Einen Edelmann, den mag ich nicht, einem braven Burſchen verſag ich mich nicht.

10. Ein braven Burſchen muß ich haben, und müßte ich ihn aus dem Boden graben."

Schwäbisch.

1. Auf-m Waſ-ſa gra-ſet d Ha-ſa, ond em Waſ-ſer gam-bet d Fiſch. Lie-ber will i gar koi Schätz-le als en ſo-n-a Fled-ra-wiſch, Fled-ra-wiſch.

2. Gang mer weg mit Sametſchühla, gang mer weg mit Bändela! Bauramädla ſem-mer lieber als ſo Kaffeebembela.

3. Mueder, mueſcht mer, ſchla mes Blechle! Dürleshoſa macha lau, daß i au ſo Dürleshoſa wie der Herr Brovieſer hau.

4. Mo-n-i hau mei Schätzle gnomma, hot mei Mueder grauſig dau, hot me bei de Auhra gnomma, d Schdiega-n-abe bfludra lau.

5. Sag du no zu deira-n- Alda, ſui ſoll mi baſſiera lau, i wur ſchau mein Schatz verhalda, ſell wurd ſui en Dreck agauh.

6. Hender meiner Schwiegermueder ihrem grauſsa Hemelbett leit a ganzer Sack voll Sechſer, wenn i noh die Sechſer hätt!

7. Mo-n-i hau no kratzt ond biſſa, hot mi wella koina küſſa, ſeit i nemme kratz ond beiß, krieg i d Küßla dutzedweis.

8. Kleine Kiegela mueß mer gieſsa, wem-mer Vögela ſchieſsa will, ſchöne Mädela mueß mer kieſa, wem-mer ſchöne Weibla will.

# LITERATURAUSWAHL

## I. Sammlungen aus einzelnen Gauen.

**Bender,** Oberschefflenzer Volkslieder, Karlsruhe 1902.
**Ditfurth, Frh. von,** Fränkische Volkslieder, Leipzig 1855.
**Greyerz, O. v.,** "Im Röseligarte", Sammlung Schweizer Volkslieder, Bern 1908 ff.
**Hoffmann von Fallersleben,** Schlesische Volkslieder, Leipzig 1842.
**Hruschka-Toischer,** Deutsche Volkslieder aus Böhmen, Prag 1891.
**John u. Czerny,** Egerländer Volkslieder 1898.
**Krapp,** Odenwälder Spinnstube, Darmstadt 1904.
**Lemmermann,** "Ut Hartensgrund", Bremen 1908. Niederdeutsche Volkslieder.
**Lewalter,** Deutsche Volkslieder in Niederhessen, Cassel 1896.
**Marriage,** Volkslieder aus der badischen Pfalz, Halle 1902.
**Meier, Ernst,** Schwäbische Volkslieder, Berlin 1885.
**Pommer,** Liederbuch für die Deutschen in Östreich, Wien, Deutscher Schulverein.
**Preiß,** Unsre Lieder, Singbuch für Östreichs Wandervögel, Leipzig, bei Hofmeister.
**Reifferscheid,** Westfälische Volkslieder, Heilbronn 1879.
**Schlossar,** Deutsche Volkslieder aus Steiermark, Innsbruck 1881.
**Trüb,** Schweizer Fahrtenlieder, Aarau, bei Trüb.
**Werner, Dr. F.,** Lieder aus der vergessenen Ecke (Seulingswald), Langensalza 1910.
**Wolfram,** Nassauische Volkslieder, Berlin 1894.

## II. Sammelwerke, Abhandlungen, Verschiedenes.

**Arnim u. Brentano,** Des Knaben Wunderhorn, Leipzig, Verlag Max Hesse.
**Böckel,** Deutsche Volkslieder aus Oberhessen, Marburg 1885.
**Böckel,** Handbuch des deutschen Volksliedes, Marburg 1908.
**Böckel,** Psychologie der Volksdichtung, Leipzig 1906.
**Böhme,** Altdeutsches Liederbuch, Leipzig 1877.

**Bruinier,** Das deutſche Volkslied. (Aus Natur und Geiſteswelt Bd. 7), Leipzig 1908.

**Erk-Böhme,** Deutſcher Liederhort, Leipzig 1893.

**Funk,** Volkslieder zur Gitarre (Verlag von Breitkopf & Härtel).

**Forſters,** „Friſche teutſche Liedlein", neu herausgegeben von Marriage, Halle 1903.

**Henniger,** Neues Wunderhorn. Verlag Fiſcher & Franke, Berlin.

**Heiſe, Hermann, Martin Lang u. Emil Strauß,** Der Lindenbaum, Berlin 1910.

**Herder,** „Volkslieder", Leipzig 1778.

**Kothe, Robert,** 15 Volkslieder zur Laute geſetzt. Verlag, F. Hofmeiſter, Leipzig.

**Liliencron, Rochus Frhr. von,** Deutſches Leben im Volkslied um 1530. Kürſchners deutſche Nationalliteratur Bd. XIII, Stuttgarter Union.

**Meyer,** Alte Minneweiſen und Volkslieder aus dem Wunderhorn. Leipzig 1911.

**Nicolai,** Ein feyner kleyner Almanach (Berliner Neudrucke Nr. 2), Berlin 1888.

**Reclam,** 1000 Schnadahüpfln.

**Sahr,** Das deutſche Volkslied. Sammlung Göſchen Bd. 25 und 132.

**Selle und Pohl,** 100 deutſche Volkslieder aus alter Zeit. Verlag C. Meyer in Hannover.

**Stierling,** „Von Roſen ein Krentzelein", Langewieſche, Düſſeldorf.

**Scherrer,** Deutſche Volkslieder und Balladen zur Gitarre nach Stil und Spielweiſe der alten Lautenſchläger, Leipzig bei Hofmeiſter (früher bei Callwey).

**Uhland,** Alte hoch- und niederdeutſche Lieder. Cottaſche Bibliothek der Weltliteratur.

**Wandervogel-Liederbuch,** herausgegeben von Dr. Frank Fiſcher. Verlag Friedrich Hofmeiſter in Leipzig.

# EINIGES ÜBER DAS ZUPFEN

Es ist ein Irrtum zu glauben, man könne die Begleitung eines Liedes auf der Gitarre in einfacher Weise mit einigen Akkordgriffen bestreiten. Nicht das **Greifen** der Akkorde, sondern erst deren **Anschlag** ermöglicht ein richtiges Gitarrespiel. Deswegen ist auf die Ausbildung der rechten, **der eigentlichen Spielhand**, die größte Sorgfalt zu verwenden. Leider wird aber gerade dies Allerwichtigste am meisten vernachlässigt. **Der Wert des Spieles der rechten Hand ist eben nicht richtig erkannt.** Der unteren, der rechten, der anschlagenden Hand sollten stets wechselnde Aufgaben zufallen. Ohne dabei allzu große Schwierigkeiten aufzuhäufen, läßt sich so aus dem Wesen des Instrumentes heraus eine, dem jeweiligen Stimmungsgehalt des Liedes entsprechende, stets musikalisch bleibende Begleitungsart auf der Gitarre entwickeln. Lust und Liebe zur Sache, gepaart mit Fleiß und Ausdauer, werden den eifrigen Spieler bald über das übliche „Schrumm — Schrumm" hinauskommen lassen.

Für gewöhnlich gilt als Regel, daß der Daumen die drei tieferen, die Baßsaiten E—A—D, und der Reihe nach der erste, der Zeigefinger, die G-, der zweite, der Mittelfinger, die H- und der dritte, der Ringfinger, die E-Saite anzuschlagen hat. Es kann der Daumen aber auch gelegentlich auf die Darmsaiten, sowie die übrigen Finger auf die besponnenen Saiten übergreifen. Auch kann der vierte, der kleine Finger, beispielsweise bei Anschlag von fünfstimmigen Akkorden mit zur Hilfe genommen werden. Beim Spiel von vielstimmigen Akkorden ist auch das sogenannte „Durchstreichen" von großer Wirkung. Es streicht der Daumen von den tieferen zu den höheren, der Zeigefinger von den höheren zu den tieferen Saiten durch. Es gibt noch eine ganze Menge von Anschlagsarten, diese sind in der „Kunst des Gitarrespiels auf Grundlage der Spielweise der alten Lautenschläger" eingehend behandelt. Hier sei nur noch bemerkt: „Bevor man an die Ausbildung der oberen, der linken Hand herantritt, müssen ausgiebig, vorbereitende Anschlagsübungen vorgenommen sein." Die untere Hand soll stets der oberen Hand den Weg weisen. Die Finger sollen stets über derjenigen Saite schweben, auf welcher die zu greifende Note zu suchen ist. Dabei ist peinlich darauf zu achten, daß keine klingende Saite vor dem nächstfolgenden Anschlag abgedämpft wird. Schönheit des Tones, das sei Vorbedingung. Die schönen Lieder sind die kleine Mühe wahrlich wert.

Die Finger der linken Hand beziffert man am besten in gleicher Weise wie die Anschlagsfinger. Der Daumen übt in der Regel nur den Gegendruck gegen die greifenden Finger aus. Soll er ausnahmsweise zum Greifen herangezogen werden, dann bezeichne man ihn eben mit Daumen, D.

Zum Schluß noch ein paar beherzigenswerte Worte über die richtige Beschaffenheit einer guten Gitarre. Soll das Instrument vorwiegend zur Begleitung des Gesanges dienen, dann wähle man eine große Form. Die gewöhnliche Achterform ist bei weitem den von ihr abgeleiteten, meist bizarr wirkenden Formen vorzuziehen. Eine Mechanik zum Aufziehen der Saiten wirkt geradezu tonmordend. Am besten sind Holzwirbel. Jede halbwegs geschickte Hand lernt bald damit umgehen. Den meistgebräuchlichen Knöpfen ist ein Steg zum Anknüpfen der Saiten vorzuziehen, weil der Ton freier und voller wird. All und jede Verzierung, Perlmutter, Elfenbeineinlagen und dergleichen Tand, ist zu verwerfen; solche Überflüssigkeiten wirken hemmend auf die Tonentfaltung. Das Band zum Umhängen befestige man nicht oben an dem Wirbelkopf. Dadurch würde der mitschwingende Hals im Tönen behindert werden. Ein kleiner Knopf am Halsansatz genügt zum Befestigen des sehr wichtigen Umhängbandes. Sogenannte ausgehöhlte Griffelder verhindern ein unnötiges Strapazieren der greifenden Finger. Im allgemeinen dürften diese Gesichtspunkte genügenden Anhalt bei Anschaffung eines guten, brauchbaren Instrumentes geben. Man vergesse aber nie, daß auch eine Klampfen in ihrer Art ein kleines Kunstwerk sein soll. Um etwas Gutes leisten zu können, ist ein gutes Instrument die erste Vorbedingung. Für unsere Jugend soll das Beste gerade gut genug sein. Ist einem das Glück nicht hold, irgendwo eine alte, in ihrem Wert verkannte Zupfgeige aufzutreiben, dann lieber noch zuwarten, bis die Mittel zum Ankauf genügen, um etwas fürs ganze Leben zu erwerben. Eine Gitarre sei ohne jede Ausstattung, dabei aber von bester Tonqualität und leichter Spielbarkeit! Dasselbe gilt von der Laute! Bei Ankauf von Lauten ist eine noch größere Sorgfalt zu empfehlen. Das Meiste, welches unter dem Namen Laute segelt, hat mit diesem schönen, edlen Instrument weiter nichts als wie die äußere Form gemein. Nur jahrelangem, sach- und fachgemäßem zielbewußtem Studium konnte es gelingen, die alte, hohe Kunst des Lautenbaues zu neuem, schönem, fruchtbringendem Leben zu erwecken.

**München,** Januar 1911.

Heinrich Scherrer,
Kgl. bayr. Kammervirtuos.

# EINIGE KLAMPFENGRIFFE FÜR ANFÄNGER

Als Vorgeschmack die sehr beherzigenswerten Worte eines Kritikers: „Wer unter Wandervöglein glaubt, in der Laute neben einem mühelos zu erlernenden Begleitinstrument zugleich ein willkommenes Attribut für gewisse Wanderposen zu haben, der lasse sie und die Volkslieder in Frieden. Die sind für Musikfexe zu schade. Ohne Aufwand von Mühe und Ausdauer wird in der Musik nichts erreicht." —

Ausdrücklich wird hiermit betont, daß die übergeschriebenen Notenzeichen für den Anfänger da sind zur besseren Orientierung in den manchmal nicht leicht faßbaren Melodien. Alle Klampfenkunst geht über Schrumm-Schrumm und Wumpdata. Der Fortgeschrittene wird nach eigenem Geschmack variieren. Ganz besonders muß hier noch einmal auf die Lautenbegleitungen von Scherrer, Leipzig, Hofmeisters Verlag (früher Callweyscher Verlag) hingewiesen werden.

Die Saiten E-A-D-G-H-E sind auf Quarten gestimmt, mit Ausnahme der Terz G-H. Die folgenden Schemata stellen das linke Griffbrettende der Gitarre dar. — Die Saiten mit den schwarzen Batzen werden mit der linken Hand gedrückt, dem Schema entsprechend, und mit der rechten Hand angerissen, die mit den Kringeln werden mit der rechten Hand leer angeschlagen. Die Zahlen bedeuten den Finger, z. B. 1 = Zeigefinger, 2 = Mittelfinger u. s. f. D = Daumen.

Die großen lateinischen Buchstaben bedeuten den betreffenden Dur-Akkord, z. B. A = A-Dur. Die kleinen Buchstaben bedeuten Moll. — A V bedeutet den Oberdominant-Septimen-Akkord (in der ersten Auflage mit As. bezeichnet).*

---

* Rein theoretisch betrachtet, ist eine solche Bezeichnungsweise falsch. Wir meinen aber auch gar nicht, wenn z. B. „G" übergeschrieben ist, daß jetzt die Tonart auf G-Dur übergeht, gemeint ist an dieser Stelle lediglich der betreffende Gitarreakkord, gleichviel, ob er nun wirklich als G-Dur-Tonica oder als Oberdominante zu C-Dur oder als Unterdominante zu D-Dur oder als Verwandter einer Molltonart auftritt. Diese Schreibweise ist wohl die kürzeste.

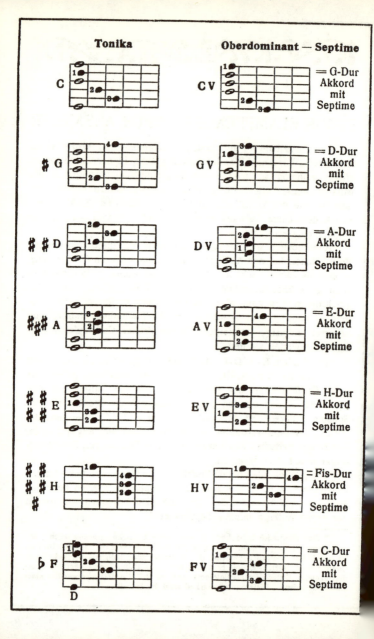

## Tonika

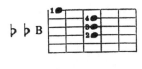
♭♭ B

B V
D
= F-Dur Akkord mit Septime

♭ d

♯ e

♭♭ g

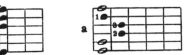
a

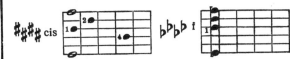
♯♯♯ cis

♭♭♭♭ f

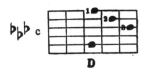
♭♭♭ c
D

Haſt du, geneigter Leſer, das Büchlein wohl durchſtudiert und mit Luſt und Liebe dir zu eigen gemacht und gehſt du wieder auf deine Sommerreiſe, ſo ſuche einmal nach jenen ſangesfrohen Bubenſcharen, die alljährlich ihre heimatlichen Wälder und Berge durchſtreifen. Das ſind die Wandervögel. Setze dich zu ihnen ans Lagerfeuer und nimm vorlieb mit ihrem Feldkeſſel; laß dir ihre Lieder ſingen, du wirſt vieles, was hier ſteht, da wiederfinden. Laß dir von ihren Abenteuern erzählen, von Burgen und mauerumkränzten Städtlein, die ſie geſchaut, von ihren Freinächten auf einſamer Jägerhütte, von ihrer beiſpiellos einfachen, ſpartaniſchen Lebensart. Und du wirſt inne werden, daß ſolche Jugendtage golden ſeien, daß es nichts Schöneres für einen Buben gibt, als eine geſunde Verwirklichung ſeiner romantiſchen Ideale, daß hier Geſundheit, Freiheit und Freude leben, daß hier einmal etwas Poſitives geſchieht im Kampfe gegen fade Bierkommentspoeſie und lächerliche Pennälerblaſiertheit. Und wenn du ein guter Menſch biſt und ein offenes, weites Herz für die Jugend haſt, ſo wirſt du auch Luſt verſpüren, mitzuhelfen, mitzuarbeiten am Weiterbau der Wandervogelſache. Wohlan! Tritt herein in unſere Reihen! Du ſollſt uns willkommen ſein, die Jugend wird dir's lohnen.

Klein, ganz klein hat der Wandervogel angefangen, aber er war ein notwendiges Heilmittel der Zeit, er war gut und ſchön, und darum hat er ſoviel begeiſterte Anhänger geworben.

„Schön iſt Geringſtes, das die rechte Form gefunden,
Und wertlos Edelſtes, von falſcher Form gebunden."

---

Auskünfte über die Wandervogelbewegung durch die Kanzlei des Verbandes Deutſcher Wandervögel, Leipzig, Otto Schillſtraße 8.

# Selbstgehörtes

# INHALTSVERZEICHNIS

| | Seite | | Seite |
|---|---|---|---|
| Ach, Blümlein blau | 48 | Der helle Tag bricht an | 10 |
| Ach Elslein, liebes | 44 | Der Jäger in dem grünen | 132 |
| Ach Gott, wie weh tut | 2 | Der König von Sachsen | 199 |
| Ade zur guten Nacht | 9 | Der Kuckuck auf dem Zaune | 228 |
| All mein Gedanken | 28 | Der mayen, der mayen | 125 |
| Als die Preußen marschierten | 168 | Der Mond ist aufgegangen | 114 |
| Als die wunderschöne | 81 | Der Winter ist vergangen | 121 |
| Als ich ein jung Geselle war | 127 | Des Morgens zwischen | 174 |
| Als wir jüngst in Regensburg | 148 | Die Binschgauer | 131 |
| Am Montag fängt die Wochen an | 106 | Die Fraa wollt uff | 234 |
| As Deandl mitn rotn | 210 | Die Gedanken sind frei | 118 |
| Auf dieser Welt hab ich | 42 | Die Leineweber | 227 |
| Auf jenem Berge, da | 143 | Die liebe Maienzeit | 125 |
| Auf-m Wasa | 237 | Die Reise nach Jütland | 179 |
| Aus Lüneburg sein | 180 | Die Rosen blühen im Tale | 189 |
| Bei Waterloo, da fiel | 175 | Die Vöglein in dem Walde | 230 |
| Bin i net a lustiger | 146 | Do drobn af dem Bergal | 153 |
| Bin i net a Pürschle auf der | 213 | Dort niedn in jenem Holze | 31 |
| Bist du des Goldschmieds | 19 | Dort oben, dort oben vor | 109 |
| Brüder, Brüder, wir müssen | 172 | Drei Laub auf einer Linden | 20 |
| Brüder, freut euch | 198 | Drei Lilien, drei Lilien | 138 |
| Brüder, uns ist alles gleich | 176 | Droben im Oberland | 138 |
| Da droben auf jenem Berge | 7 | Du mein einzig Licht | 23 |
| Da drunten in dem tiefen | 58 | Durchs Wiesetal gang i | 56 |
| Da Jesus in den Garten | 107 | Ei Büble, wennst mich so | 151 |
| Danz, danz, Quiesfelche | 210 | Ei Mutter, liebe Mutter | 156 |
| Das Lieben bringt groß | 33 | Ei, was bin i für e lustiger | 207 |
| Dat du min Leevsten büst | 32 | Ein Bäumlein stand | 155 |
| Dei oben uff em Bergli | 219 | Ein Fähndrich zog zum | 190 |
| Der blinde Jost hat eene Deeren | 206 | Ein Jäger aus Kurpfalz | 137 |
| | | Ein Postknecht ist ein | 147 |
| | | Ein Schäfer über die Brücke | 90 |
| Der grimmig Tod | 105 | Ein Schifflein sah ich | 177 |

|  | Seite |  | Seite |
|---|---|---|---|
| Ein schwarzbraunes Mädchen | 188 | Es taget vor dem Walde | 24 |
| Ein Vogel wollte Hochzeit | 228 | Es tönt des Abendglöckleins Schlag | 112 |
| Es blühn drei Rosen | 98 | Es war ein Markgraf | 68 |
| Es blies ein Jäger | 136 | Es waren einmal drei Reiter | 87 |
| Es Burebüebli mah-n-i nit | 40 | Es waren drei Gesellen | 220 |
| Es dunkelt schon in der Heide | 111 | Es welken alle Blätter | 142 |
| Es, es, es und es | 11 | Es wohnt ein Müller | 236 |
| Es fiel ein Reif | 78 | Es wohnte eine Müllerin | 141 |
| Es freit ein wilder | 75 | Es wollt ein Jägerlein jagen | 40 |
| Es fuhr sich ein Pfalzgraf | 69 | Es wollt ein Mägdlein tanzen | 83 |
| Es geht eine dunkle Wolk | 6 | Es wollt ein Mägdlein wohl | 84 |
| Es hat ein Bauer drei | 205 | Es wollt ein Mägdlein früh aufstehn | 135 |
| Es hatt ein Bauer ein schönes | 232 | Es wollt einmal ein edler | 66 |
| Es hätt e Bur | 82 | Es wollt ein Schneider | 223 |
| Es hatt ein Schwab ein | 211 | Es wollte sich einschleichen | 37 |
| Es ist der Morgensterne | 67 | Et waffen twe Künigeskinner | 77 |
| Es ist ein Ros entsprungen | 92 | Feinsliebchen, du sollst mir | 32 |
| Es ist ein Schnee gefallen | 70 | Frau Nachtigall, kleins | 43 |
| Es ist ein Schnitter | 102 | Frisch auf! Frisch auf! | 203 |
| Es liegt ein Schloß | 70 | Frisch auf, Soldatenblut | 165 |
| Es reit der Herr und auch sein Knecht | 63 | Gar hoch auf jenem Berge | 232 |
| Es reit der Herr von Falkenstein | 60 | Gar lieblich hat sich gesellet | 21 |
| Es reiten drei Reiter | 86 | Gesegn dich Laub | 1 |
| Es reiten itzt die ungrischen | 171 | Gestern bei Mondenschein | 41 |
| Es ritt ein Herr mit seinem | 64 | Glück auf! Glück auf! | 139 |
| Es ritt ein Reiter sehr wohlgemut | 89 | Gott gnad dem großmächtigsten Kaiser | 158 |
| Es ritt ein Reiter wohl durch | 65 | Gut Gsell, und du mußt | 6 |
| Es ritten drei Reiter | 8 | Hab mein Wage voll | 147 |
| Es saß ein Käfer auf m Bäumel | 229 | Hans Naber, ick hebb et ju | 201 |
| Es saß ein Käterlein | 18 | Hansel, dein Gretelein | 157 |
| Es saß ein klein wild | 36 | Herzlich tut mich erfreuen | 120 |
| Es soall sich doach Kaaner | 152 | Hört, ihr Herrn | 116 |
| Es stand eine Lind im tiefen | 84 | Horch, was kommt | 130 |
| Es steht ein Baum | 57 | Ich armes Maidlein klag | 46 |
| Es steht ein Lind | 5 | I bin a Steirabua | 119 |
|  |  | Ich bin ein jung Soldat | 165 |

|  | Seite |
|---|---|
| Ich fahr dahin | 1 |
| Ich ging durch einen | 122 |
| Ich ging emol | 214 |
| Ich hab die Nacht geträumet | 53 |
| Ich habe mein Feinsliebchen | 35 |
| Ich habe mir eines erwählet | 154 |
| Ich hab mir mein Weizen | 215 |
| Ich hört ein Sichelein | 47 |
| Ich schell mein Horn | 45 |
| Ich spring an diesem Ringe | 150 |
| Ich steh auf einem hohen | 81 |
| Ich weiß ein Maidlein | 17 |
| Ich weiß mir ein Liedlein | 215 |
| Ich wollt gern singen | 38 |
| Ihr lustigen Hannoveraner | 174 |
| Ik hebbe se nich | 78 |
| Im Ärgäu sind | 142 |
| Innsbruck, ich muß | 5 |
| In stiller Nacht | 115 |
| Ins Mueter Stüebeli | 213 |
| Ist es denn nun | 183 |
| Jänsken von Bremen | 201 |
| Jatz wölln mar gien | 172 |
| Je höher der Kirchturm | 212 |
| Jetzt gang i ans Brünnele | 55 |
| Jetzt geht der Marsch ins Feld | 168 |
| Jetzt kommt die Zeit | 128 |
| Jetzt reisen wir zum Tor | 13 |
| Johann von Nepomuk | 108 |
| Kein Feuer, keine Kohle | 34 |
| Kein schönrer Tod | 162 |
| Köln am Rhein | 187 |
| Kume, kum, Geselle min | 20 |
| Laßt uns singen | 93 |
| Lille, du allerschönste Stadt | 161 |
| Lippai, steh auf | 106 |
| Lippe-Detmold | 186 |
| Luise ging im Garten | 79 |

|  | Seite |
|---|---|
| Lustig ists Matrosenlebn | 149 |
| Maria durch ein Dornwald ging | 98 |
| Maria wollt einst | 94 |
| Meerstern, ich dich grüße | 92 |
| Mei Mutter mag mi net | 55 |
| Mein Schatz, der ist auf die | 48 |
| Mir ist ein schöns brauns Maidelein | 18 |
| Mit Lust tät ich ausreiten | 24 |
| Morgen marschieren wir | 196 |
| Morgen will mein Schatz verreisen | 12 |
| Musketier seins lustge | 191 |
| Muß i denn, muß i denn | 13 |
| Nachtigall, ich hör dich | 36 |
| Nimm sie bei der | 207 |
| Nu lat unz singn | 113 |
| Nun ade, jetzt muß ich | 185 |
| O Schipmann, o Schipmann | 75 |
| O Straßburg | 166 |
| O vijand, wat | 158 |
| O wunderbares Glück | 182 |
| Prinz Eugenius, der edle | 160 |
| Regina wollt in Garten gehn | 110 |
| Rosestock, Holderblüt! | 31 |
| Schätzchen, sag, was fehlt | 191 |
| Schatz, mein Schatz | 181 |
| Schaugts aussi | 58 |
| Schirrt die Rosse | 194 |
| Schlaf, mein Kindelein, schlaf | 100 |
| Schlaf sanft und wohl | 116 |
| Schön ist die Jugend | 120 |
| Schwesterlein, Schwesterlein, wann gehn wir | 53 |
| Setzt zusammen die Gewehre | 195 |
| Sie gleicht wohl | 22 |
| S isch äben e Mönsch | 26 |
| S isch no nit lang | 39 |

17*

| | Seite | | Seite |
|---|---|---|---|
| S ist alles dunkel | 54 | Wenn der Topp aber nu | 235 |
| Sitzt e klois Vogerl | 231 | Wenn ich auf Amorbach geh | 38 |
| So grün als ist | 42 | Wenn ich ein Vöglein | 56 |
| Spinn, spinn, meine liebe | 151 | Wenns die Soldaten | 193 |
| Spring auf, spring auf | 136 | Wer bekümmert sich drum | 10 |
| Stand ich auf hohem | 80 | Wer große Wunder | 72 |
| Steh nur auf | 140 | Wie kommts, daß du | 50 |
| Stehn zwei Stern am hohen | 114 | Wie maches denn die Schneider? | 222 |
| Sterben ist ein schwere Buß | 52 | Wie schön blüht uns der Maien | 126 |
| Still, still, still | 101 | Wie scheint der Mond so hell | 139 |
| Tanz rüber, tanz nüber | 208 | Wir preußischen Husaren | 170 |
| Ufm Berge, da geht der | 99 | Wir zogen in das Feld | 159 |
| Un dorbi wahnt hei | 144 | Wo bist du denn geblieben | 184 |
| Und unser lieben frauen | 91 | Wo e kleins Hüttle steht | 34 |
| Unsa Hans haut Huasn | 235 | Wo find ich dann | 22 |
| Verstohlen geht der Mond | 111 | Wo gehst du hin | 51 |
| Vo Luzern uf Wäggis zue | 156 | Wohlan die Zeit | 127 |
| Vom Himmel hoch | 100 | Wohlauf, ihr Wandersleut | 129 |
| Wach auf, meins Herzens Schöne | 14 | Wohl heute noch und | 28 |
| Wach auf, wach auf, mein Schatz allein | 86 | Wo soll ich mich hinkehren | 202 |
| War einst ein bayrischer Husar | 188 | Wunderschön prächtige | 97 |
| Wär ich ein wilder | 47 | Zehntausend Mann | 192 |
| Was hab ich denn | 50 | Z Lauterbach hab i | 209 |
| Was helfen mir tausend | 197 | Zu Östreich liegt | 71 |
| Was wölln wir auf den Abend | 113 | Zu Regensburg auf der | 221 |
| Weiß mir ein Blümli blaue | 25 | Zu Straßburg auf der Schanz | 167 |
| Wenn alle Brünnlein | 44 | | |

# NACHWORT

»Der Verlag Friedrich Hofmeister in Leipzig hat sich des Zupfgeigenhansels angenommen und ihm einen neuen, weiten Wirkungskreis auf dem Büchermarkte geschaffen.« – Als der geistige Vater und Herausgeber des Volksliederbuches *Zupfgeigenhansl* Hans Breuer diesen lapidaren Satz in das Vorwort zur 4. Auflage 1910 schrieb, ahnte er nicht, in welchem Maße sein Büchlein dem Verlage zum Ruhm gereichen und umgekehrt der Verlag dem *Zupfgeigenhansl* zum Siegeszug durch Deutschland verhelfen würde. Es gibt in der Geschichte nur wenige Beispiele, wo Verlag und Edition zu einer solchen Einheit zusammenschmolzen, daß mit der Namensnennung des einen fast unmittelbar die Assoziation des anderen Teiles erfolgt.

So ist es nahezu selbstverständlich, daß im Jahre des 175. Jubiläums des Hofmeister-Verlages die kleine, aber für die Entwicklung der Volksliedpflege bis in die Gegenwart hinein eminent wichtige Sammlung als Reprint vorgelegt wird. Diesem Entschluß gingen von seiten des Verlages zahlreiche Überlegungen voraus, den *Zupfgeigenhansl* zu überarbeiten, ihn vom Ballast einiger sentimentaler, nicht mehr volkläufiger Lieder zu befreien, besonders jedoch der Soldatenlieder zu entledigen, die auf den ersten Blick überflüssig zu sein und uns offensichtlich heute nichts mehr zu sagen scheinen. Aber alle Gedanken über die Um- und Bearbeitung führten zu einem Schluß: Der *Zupfgeigenhansl* ist ein Zeitdokument, als solches muß er verstanden, betrachtet, und als solches ist er es wert, unverändert nachgedruckt zu werden. Er legt Zeugnis ab von der ideologischen Haltung seiner Urheber, der Wandervögel, und zeigt zugleich ein interessantes Bild von der praktischen Musikausübung dieses Teiles der bürgerlichen Jugendbewegung. Die gesellschaftspolitischen Triebkräfte des Wandervogels waren völlig andere als die der proletarischen Jugendbewegung. In der Wandervogelbewegung fanden sich Söhne und Töchter aus bürgerlichen Schichten zusammen, die sehr wohl die Hohlheit der nur auf Profit gerichteten Interessen ihrer Eltern sahen und verurteilten. Ihr Protest richtete sich gegen vieles, was ihnen in ihrer bürgerlich-demokratischen Entwicklung entgegenstand: in Elternhaus, Schule und Kirche. Nicht im Gesellschaftssystem selbst, sondern in seinen machtausübenden Institutionen erblickte man den Beelzebub. Es nimmt daher nicht wunder, wenn auf Grund des Mißverstehens der Realität klare politische und soziale Vorstellungen ausblieben, der Protest nichts anderes als romantisch-hochgespannte Lebensgefühle erzeugte, die sich letztlich nur in einer Isolierung von der Umwelt, in unfruchtbarer Selbstbespiegelung manifestierten. So ist der Weg des Wandervogels zum Volkslied unter gänzlich anderen Voraussetzungen beschritten worden, als ihn etwa Herder mit unvergleichlich klarerer Einsicht in die geschichtlichen Zusammenhänge gegangen ist. Diese Jugend strebte hinaus ins Freie, weg von den unfreundlichen Industriestädten mit ihren Konflikten und Klassenauseinandersetzungen. Sie berauschte sich an den Schönheiten der Landschaft, fand Geborgenheit und Ruhe in der friedvollen Natur. Und genauso, wie auch heute die Bereitschaft zum Singen während einer Wanderung besonders groß ist und uns das Volkslied beim Aufenthalt in der Natur sehr nahe rückt, fanden die Wandervögel den Zugang zum deutschen Volkslied, das allerdings in jener Zeit um die Jahrhundertwende tatsächlich erst einmal neu entdeckt und wieder zum Leben erweckt werden mußte. Die kapitalistische Industrialisierung hatte das Volkslied verschüttet, das sich organisierende Proletariat brauchte andere als gefühlsselige Gesänge und schuf sich sein eigenes kämpferisches Liedgut. Aber auch auf dem Lande war die Zeit der besinnlichen Stimmung in den Spinnstuben vorüber, wo man sich Märchen und Geschichten erzählte, die Lieder der Alten hörte, aufnahm und an die Jungen weitergab. Gewiß lag schon eine Reihe wichtiger Volksliedsammlungen vor, Zuccalmaglios »Deutsche Volkslieder mit ihren Originalweisen«, Liliencrons »Deutsches Leben im Volkslied um 1530« und »Die historischen Volkslieder der Deutschen im 13. bis 16. Jahrhundert«, Ludwig Erk hatte »Die deutschen Volkslieder mit ihren Singweisen« herausgegeben und Franz

Magnus Böhme dessen »Deutschen Liederhort« vollendet. Wie aus dem Quellennachweis des *Zupfgeigenhansl* ersichtlich ist, waren auch bereits Volksliedsammlungen aus einzelnen deutschen Landschaften gedruckt worden, auf die Hans Breuer und seine Freunde zurückgreifen konnten.
Jedoch gingen die Herausgeber der oben angeführten Volksliedsammlungen und Hans Breuer mit seinem *Zupfgeigenhansl* von gänzlich unterschiedlichen Prämissen aus. Lagen einmal der Sammeltätigkeit volkskundliches, literaturhistorisches oder musikhistorisches Interesse und Prinzipien der Vollständigkeit zugrunde, so war für die Wandervögel *ein* Kriterium ausschlaggebend: das des praktischen Gebrauchs. Das geht aus einem Aufruf zur Mithilfe an der Zusammenstellung des *Zupfgeigenhansl* im »Wandervogel« 1908 hervor, wo es heißt: »Bbr. Breuer, Dreikönigstr. 3, und Bbr. Schaeffer, ebenda, beabsichtigen ein Liederbuch herauszugeben, welches besonders die alten deutschen Volkslieder, die für den Marsch auf Wandervögel-Fahrten und für Begleitung durch die Zupfgeige besonders geeignet sind, mit Text und Tonweise enthalten soll. Alle Freunde des deutschen Liedes werden gebeten, hier mitzuhelfen, indem sie an Bbr. Breuer gute Lieder, die wert sind, bekanntzuwerden, mit Text und Tonweise, sowie mit Angabe des Dichters und Tonsetzers (soweit möglich) einsenden.«
Sicher war da nicht alles, was eingesendet wurde, der Veröffentlichung und Verbreitung wert. Vornehmlich dem guten Geschmack und der ästhetischen Grundsätzen folgenden selektierenden Tätigkeit des Medizinstudenten Hans Breuer ist es zu danken, daß tatsächlich fast ausschließlich wertvolles, die Jahrhunderte überdauerndes Volksliedgut in die Sammlung aufgenommen wurde. An diesem Punkt der Entwicklung trafen sich Wandervogel und Musik, und von hier aus setzte die durchaus positiv zu bewertende musikalische Erneuerung der gesamten Schulmusik ein, die nicht ohne Einfluß auch bis in unsere Schulliederbücher und praktischen Liedsammlungen hinein blieb. Dar-

in liegt das Geheimnis der ungeheuren Breitenwirksamkeit des *Zupfgeigenhansl* begründet, der wie kein anderes Liederbuch den Nerv der musizierenden Jugend jener Zeit traf und zum Singen geradezu herausforderte. Dabei darf der kranke Zweig desselben Baumes mit solch faulen Früchten wie völkisch-nationaler Überheblichkeit vor allem auf dem Gebiet der Volksliedpflege nicht übersehen werden. Gerade die bürgerliche und sozialdemokratische Jugend erlag dem gewissenlosen Geschwätz von der Überwindung der Klassenschranken und zog mit frohen Liedern auf den Lippen durch reizvolle Lande, bis sie, auch im Tod vereint und aller Klassenschranken ledig, auf den grauenvollen Schlachtfeldern des ersten und zweiten Weltkrieges liegenblieb. Man kann schon von schicksalhafter Folgerichtigkeit sprechen, wenn Hans Breuer, einer der geistigen Führer der Wandervogelbewegung und begeisterter Volksliedsammler, den zahllosen Opfern des ersten Weltkrieges zuzurechnen ist. In diesem Zusammenhang sei noch einmal auf die im *Zupfgeigenhansl* zusammengetragenen Soldatenlieder hingewiesen, die zu entfernen ursprünglich ein Anliegen der vorgesehenen Überarbeitung war. Sie entstanden alle in der Zeit vom 16. bis zum 19. Jahrhundert, zu einer Zeit also, als noch keine faschistische Ideologie das Liedgut mit barbarischer militärischer Zielstellung durchdrang. Deshalb finden wir neben draufgängerischen, das Soldatenleben idealisierenden Worten und Weisen sehr ernste, anklägerische Töne, die den Abschied von der Geliebten und den sinnlosen Tod für die Interessen »der Reichen« bedauern. Dem Verlag muß es zugute gehalten werden, daß auch in der Zeit der nationalsozialistischen Macht kein faschistisches Liedgut Eingang in den *Zupfgeigenhansl* gefunden hat. Natürlich konnte der Mißbrauch einiger Soldatenlieder für die Zwecke des Faschismus nicht verhindert werden. Diesem willkürlichen Gebrauch im Sinne des Chauvinismus wurden ebenso andere deutsche Volkslieder unterworfen, deren textlicher Gehalt die Liebe einfacher Menschen zu ihrer Heimat widerspiegelte.

Magnus Böhme dessen »Deutschen Liederhort« vollendet. Wie aus dem Quellennachweis des *Zupfgeigenhansl* ersichtlich ist, waren auch bereits Volksliedsammlungen aus einzelnen deutschen Landschaften gedruckt worden, auf die Hans Breuer und seine Freunde zurückgreifen konnten.
Jedoch gingen die Herausgeber der oben angeführten Volksliedsammlungen und Hans Breuer mit seinem *Zupfgeigenhansl* von gänzlich unterschiedlichen Prämissen aus. Lagen einmal der Sammeltätigkeit volkskundliches, literaturhistorisches oder musikhistorisches Interesse und Prinzipien der Vollständigkeit zugrunde, so war für die Wandervögel *ein* Kriterium ausschlaggebend: das des praktischen Gebrauchs. Das geht aus einem Aufruf zur Mithilfe an der Zusammenstellung des *Zupfgeigenhansl* im »Wandervogel« 1908 hervor, wo es heißt: »Bbr. Breuer, Dreikönigstr. 3, und Bbr. Schaeffer, ebenda, beabsichtigen ein Liederbuch herauszugeben, welches besonders die alten deutschen Volkslieder, die für den Marsch auf Wandervögel-Fahrten und für Begleitung durch die Zupfgeige besonders geeignet sind, mit Text und Tonweise enthalten soll. Alle Freunde des deutschen Liedes werden gebeten, hier mitzuhelfen, indem sie an Bbr. Breuer gute Lieder, die wert sind, bekanntzuwerden, mit Text und Tonweise, sowie mit Angabe des Dichters und Tonsetzers (soweit möglich) einsenden.«
Sicher war da nicht alles, was eingesendet wurde, der Veröffentlichung und Verbreitung wert. Vornehmlich dem guten Geschmack und der ästhetischen Grundsätzen folgenden selektierenden Tätigkeit des Medizinstudenten Hans Breuer ist es zu danken, daß tatsächlich fast ausschließlich wertvolles, die Jahrhunderte überdauerndes Volksliedgut in die Sammlung aufgenommen wurde. An diesem Punkt der Entwicklung trafen sich Wandervogel und Musik, und von hier aus setzte die durchaus positiv zu bewertende musikalische Erneuerung der gesamten Schulmusik ein, die nicht ohne Einfluß auch bis in unsere Schulliederbücher und praktischen Liedsammlungen hinein blieb. Dar-

in liegt das Geheimnis der ungeheuren Breitenwirksamkeit des *Zupfgeigenhansl* begründet, der wie kein anderes Liederbuch den Nerv der musizierenden Jugend jener Zeit traf und zum Singen geradezu herausforderte. Dabei darf der kranke Zweig desselben Baumes mit solch faulen Früchten wie völkisch-nationaler Überheblichkeit vor allem auf dem Gebiet der Volksliedpflege nicht übersehen werden. Gerade die bürgerliche und sozialdemokratische Jugend erlag dem gewissenlosen Geschwätz von der Überwindung der Klassenschranken und zog mit frohen Liedern auf den Lippen durch reizvolle Lande, bis sie, auch im Tod vereint und aller Klassenschranken ledig, auf den grauenvollen Schlachtfeldern des ersten und zweiten Weltkrieges liegenblieb. Man kann schon von schicksalhafter Folgerichtigkeit sprechen, wenn Hans Breuer, einer der geistigen Führer der Wandervogelbewegung und begeisterter Volksliedsammler, den zahllosen Opfern des ersten Weltkrieges zuzurechnen ist. In diesem Zusammenhang sei noch einmal auf die im *Zupfgeigenhansl* zusammengetragenen Soldatenlieder hingewiesen, die zu entfernen ursprünglich ein Anliegen der vorgesehenen Überarbeitung war. Sie entstanden alle in der Zeit vom 16. bis zum 19. Jahrhundert, zu einer Zeit also, als noch keine faschistische Ideologie das Liedgut mit barbarischer militärischer Zielstellung durchdrang. Deshalb finden wir neben draufgängerischen, das Soldatenleben idealisierenden Worten und Weisen sehr ernste, anklägerische Töne, die den Abschied von der Geliebten und den sinnlosen Tod für die Interessen »der Reichen« bedauern. Dem Verlag muß es zugute gehalten werden, daß auch in der Zeit der nationalsozialistischen Macht kein faschistisches Liedgut Eingang in den *Zupfgeigenhansl* gefunden hat. Natürlich konnte der Mißbrauch einiger Soldatenlieder für die Zwecke des Faschismus nicht verhindert werden. Diesem willkürlichen Gebrauch im Sinne des Chauvinismus wurden ebenso andere deutsche Volkslieder unterworfen, deren textlicher Gehalt die Liebe einfacher Menschen zu ihrer Heimat widerspiegelte.

Unsere Aufgabe besteht darin, das deutsche Volkslied in den jeweils richtigen historischen Zusammenhang einzuordnen und es zu pflegen als wichtigen Bestandteil unseres humanistischen Erbes, als künstlerischen Ausdruck der Schöpferkraft des arbeitenden Volkes. Der *Zupfgeigenhansl* ist uns dabei eine große Hilfe; denn ihm ist neben anderen Sammlungen vor allem zu danken, daß das deutsche Volkslied dem Vergessen entrissen und der Allgemeinheit wieder zugeführt wurde.

3. Auflage
VEB Friedrich Hofmeister Musikverlag Leipzig · 1989
Lizenznummer 484-250/B 506/89-03
Printed in the German Democratic Republic
Gesamtherstellung:
Offizin Andersen Nexö, Graphischer Großbetrieb, Leipzig
III/18/38
Ausstattung: Hans-Joachim Walch, Leipzig
Illustrationen: Hermann Pfeiffer
LSV 8366
Bestellnummer 519 539 0
01500